Repare, configure y amplíe su PC. Básico

Repare, configure y amplíe su PC. Básico

José Higinio Cernuda Menéndez

STARBOOK

La ley prohíbe
fotocopiar este libro

Repare, configure y amplíe su PC. Básico
© José Higinio Cernuda Menéndez
© De la edición StarBook 2010

Editado por:

StarBook Editorial, S.A.
Calle Jarama, 3A, Polígono Industrial Igarsa
28860 PARACUELLOS DE JARAMA, Madrid
Teléfono: (+34) 91 658 16 98
Fax: (+34) 91 658 16 98
Correo electrónico: starbook@starbook.es
Internet: www.starbook.es
ISBN: 978-84-92650-27-9
Depósito Legal: M. 10.193-2010
Autoedición: Autores
Impresión y encuadernación: Closas-Orcoyen

A mi hermana y a su vieja impresora; olvidar por tercera vez cómo reinstalarla me enseñó la importancia de anotar las cosas.

ÍNDICE

INTRODUCCIÓN

Si el ordenador se pone a pitar de forma continuada cuando queremos encenderlo, será la alarma de fallo de memoria; pero dicha alarma puede ser causada por muchos motivos, desde un error de configuración de la BIOS, hasta un fallo en el microprocesador o una placa base dañada... y esto es sólo el principio.

No tiene sentido estudiar todas y cada una de las posibles averías, cuando basta con entender unos conceptos básicos y tener un poco de imaginación para resolver la mayoría de los problemas informáticos.

Y éste es el objetivo de nuestro pequeño libro, introducirle de forma concisa en el arte de la reparación, configuración y ampliación de su PC; porque es necesario, es fácil, y hasta resulta divertido.

Capítulo 1

REPARANDO WINDOWS

La gran mayoría de los problemas informáticos no se deben a fallos físicos, sino a errores de software, contándose entre los más graves aquellos que afectan al sistema operativo, ya que muchas veces la única solución posible es reinstalarlo... aunque hay algunas cosas que podemos probar antes de recurrir a una solución tan extrema.

1.1 A VUELTAS CON LA BIOS

La reparación de Windows puede necesitar que utilicemos su *menú de arranque*, o que iniciemos el sistema desde un CD/DVD; en ambos casos, una incorrecta configuración de la **BIOS** (*Basic Input Output System*, que gestiona el arranque del PC) o incluso los valores por defecto con los que suele venir de fábrica, pueden dar al traste con nuestras intenciones. Por eso lo primero que debemos hacer es entrar en ella y ajustarla correctamente, o por lo menos tener una idea de los cambios que podemos hacer si nos da problemas.

El método típico para **acceder a la BIOS** es pulsando repetidas veces la tecla *Supr* (llamada *Del* o *Delete* en inglés) o *F2* durante el inicio del equipo, aunque en algunos casos menos frecuentes deberemos pulsar otras teclas, como *Tab*; si tenemos dudas, podemos consultar el manual de la placa base o verificar si aparece algún mensaje indicativo al encender el PC.

Como los mensajes de inicio suelen pasar muy rápido, podemos presionar la tecla **Pausa** (esquina superior derecha del teclado), lo que "congelará" el equipo hasta que pulsemos una tecla cualquiera, dándonos tiempo para leer y buscar la opción correspondiente.

Una vez en la BIOS, aparecerá un menú con los distintos elementos de configuración, ya sea en forma de cabecera (típico de las placas *Intel*, tal y como se ve en la imagen) u ocupando toda la pantalla.

Antes de continuar, deberemos recordar que **no debemos realizar cambios en la BIOS si no sabemos lo que estamos haciendo**; aunque es casi imposible causar daños permanentes, podemos bloquear el equipo por completo, viéndonos obligados a realizar un borrado del CMOS (tal y como estudiaremos en el capítulo dedicado a la reparación física) para volver a acceder a la BIOS.

Según el modelo de BIOS algunos menús o funciones explicadas a continuación pueden tener otro nombre, no estar disponibles o estar agrupadas de forma distinta, pero en general éstos son los elementos que deberemos conocer:

- **Soporte de teclado USB:** por defecto, los teclados USB dejan de funcionar cuando finaliza la carga de la BIOS, hasta que Windows carga sus controladores (archivos que explican a Windows como utilizar un determinado componente electrónico). Esto quiere decir que podemos utilizar un teclado USB para acceder a la BIOS, pero no podremos utilizar las funciones de reparación de arranque que Windows pone a nuestra disposición mediante la pulsación de *F8*. Para evitar este problema deberemos activar (*enable*) el soporte de teclado USB, que normalmente se llamará *USB Legacy Keyboard*, y que podremos encontrar en *Integrated Peripherials*, o en *Advanced-Peripherical Configuration*.

- **Secuencia de arranque:** la BIOS suele venir configurada para arrancar primero desde el disco duro, lo que imposibilita utilizar un CD de arranque para reparar Windows. Para cambiar estos valores deberemos buscar en los menús *Advanced CMOS*, *Advanced BIOS features* o *BOOT-Boot Device Priority*. La sintaxis varía, pero lo habitual es que configuremos el lector de CD/DVD como primer dispositivo de arranque (*First Boot Device = CDROM*) y el disco duro como segundo (*Second Boot Device = HDD*).

Advanced BIOS Features	
Hard Disk Boot Priority	[Press Enter]
First Boot Device	[Floppy]
Second Boot Device	[Hard Disk]
Third Boot Device	[CDROM]
Password Check	[Setup]
CPU Hyper-Threading	[Enabled]
Limit CPUID Max. to 3	[Disabled]

- **Carga de valores optimizados:** normalmente se identifica como *Load Optimized Defaults*, o *Load User Defaults* en el menú *Exit*, y se utiliza para cargar la configuración por defecto de la placa. En general no debemos utilizar esta opción a menos que creamos que hay algún problema de configuración, ya que podemos perder ajustes importantes, incluyendo el acceso al disco duro, el ajuste de la secuencia de arranque y el soporte de teclado USB, que deberemos comprobar una vez ejecutada esta opción.

- **Guardar cambios:** finalmente utilizaremos la función *Save and Exit Setup* para guardar los cambios realizados en la BIOS, lo que reiniciará el sistema, cargando así la nueva configuración. Si no estamos seguros de las modificaciones que hemos hecho lo mejor será apagar el ordenador sin más, con lo que la BIOS quedará como estaba antes de tocarla.

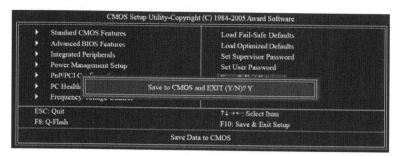

Uno de los grandes peligros de realizar ajustes en la BIOS es la **desconfiguración del modo de operación de la controladora de disco duro**, ya que podemos perder el acceso a Windows y a todos nuestros datos. Lamentablemente, este problema también puede darse si cargamos los valores por defecto/optimizados, al borrar el CMOS, ò incluso por una (afortunadamente extremadamente rara) desconfiguración espontánea, por lo que necesitaremos comprender de que se trata, y como resolverlo.

Para empezar tenemos que saber que los PC modernos soportan **dos tipos de discos duros** por defecto: los clásicos IDE, de rendimiento reducido pero que no ofrecen problemas de configuración, y los nuevos SATA, más rápidos pero más difíciles de "asimilar" por el sistema operativo, por lo que puede ser necesario cargar controladores para utilizarlos, y que se han convertido en el estándar.

Las BIOS modernas pueden operar con los discos duros SATA en tres modos, RAID, IDE y AHCI, que podemos seleccionar desde el menú *Integrated Pheripericals* o también en *Advanced-IDE configuration*:

- **RAID:** este sistema permite combinar múltiples discos duros, ya sea trabajando en forma paralela (más velocidad), duplicando el contenido de unos en otros (backup en espejo) o en diversas mezclas de ambos métodos. Una placa configurada para trabajar en RAID también puede funcionar con un único disco, por lo que suele ser el modo de trabajo por defecto, pero lamentablemente será necesario cargar un controlador específico durante la instalación de Windows para que éste pueda acceder al disco. Además los sistemas RAID suelen disponer de una segunda BIOS que también deberemos configurar, accediendo a ella después de la carga de la BIOS primaria.

- **AHCI:** ofrece funciones avanzadas para el uso de discos duros SATA, en particular la conexión/desconexión *en caliente* (con el equipo encendido), y el soporte NCQ (*Native Command Queing*) para sistemas multiusuario. No suele recomendarse su uso porque también necesita el uso de controladores.

- **IDE:** su nombre completo sería emulación IDE, y permite utilizar discos SATA sin necesidad de cargar controladores específicos para acceder a ellos, aunque no disfruta de las funciones avanzadas de RAID o AHCI.

Si nuestros discos duros están trabajando en ciertos modos RAID no tendremos más remedio que utilizar dicha configuración, ya que el contenido combinado no será legible en IDE o AHCI. Asimismo, si un sistema está trabajando en modo IDE y la configuración cambia a RAID o AHCI nos encontraremos con que Windows no arranca, ya que no dispone de los controladores necesarios para acceder al disco, y lo mismo ocurrirá con los discos de instalación y/o reparación.

Pero cuando tenemos un único disco duro trabajando en modo RAID o AHCI, debería ser posible **seleccionar el modo IDE**, evitando así los problemas causados por la necesidad de carga de controladores. Y si por cualquier motivo no funcionase, siempre podemos volver a la BIOS y restaurar el modo de trabajo anterior.

1.2 ARRANQUE DE WINDOWS

Todas las opciones de configuración de Windows, así como la gran mayoría de las de los programas instalados, se guardan en un conjunto de archivos que se denominan **Registro de Sistema**. Buena parte del registro se carga durante el arranque del sistema; por eso muchos programas solicitan que reiniciemos el ordenador después de instalarlos, para que se actualicen los cambios de registro que se han llevado a cabo. El problema viene cuando el cambio impide que Windows arranque, ya que no podremos desinstalar el programa que está causando problemas.

Cuando el arranque de Windows se bloquea deberemos reiniciar el equipo, presionando *F8* de forma repetida mientras se enciende, hasta acceder al **Menú de arranque de Windows.**

Es algunos equipos, en particular ciertos portátiles, *F8* muestra un menú de **selección del dispositivo desde el que se realizará el arranque** (DVD, disco duro, lápiz de memoria); este sistema facilita arrancar desde un dispositivo distinto al disco duro sin necesidad de modificar la secuencia de arranque en la BIOS, aunque es un incordio que también utilice *F8*. Si aparece uno de estos menús, seleccionaremos el disco duro y, muy velozmente, volveremos a pulsar *F8* para activar el menú de Windows.

Otro posible obstáculo sería que nuestro **teclado USB** ignorase olímpicamente la pulsación de *F8*; en este caso deberíamos activar el soporte *Legacy USB* en la BIOS, tal y como vimos antes.

Una vez en el *menú de arranque*, la primera opción que deberemos seleccionar será **La última configuración buena conocida**, que cargará una copia de seguridad del registro, realizada automáticamente la última vez que Windows se inició con éxito.

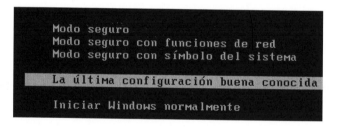

Cuando volvemos a la copia previa del registro perdemos las configuraciones establecidas en él desde el último arranque, lo que puede dañar algunos de los programas instalados en la última sesión, viéndonos obligados a reinstalarlos. A cambio, tiene la ventaja de restaurar el arranque de Windows siempre y cuando los archivos de sistema no estén dañados.

Si los archivos de arranque están dañados y tenemos un sistema previo a *Windows Vista*, lo más sencillo sería reinstalar encima (hay otras opciones, pero superan el ámbito de este libro). En cambio, los DVD de instalación de *Vista* y *Windows 7* disponen de una opción para la reparación del arranque. Para empezar encenderemos el equipo e introduciremos el DVD en el lector, comprobando que el sistema va a arrancar con él, ajustando la secuencia de arranque en la BIOS como vimos antes.

Al cabo de un cierto tiempo, el DVD nos ofrecerá la opción principal *Instalar Windows* y, en la esquina inferior izquierda de la pantalla, una línea con la opción **Reparar el equipo**. Después de activar esta última puede ser necesario introducir un lápiz de memoria con los controladores SATA/RAID si el sistema está trabajando en este modo (veremos cómo descargarlos en el capítulo siguiente), aunque lo ideal sería que estuviese configurado en modo IDE.

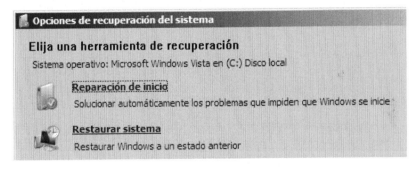

Una vez cargadas las *opciones de recuperación del sistema*, seleccionaremos **Reparación de inicio** para proceder a la restauración de los archivos de arranque y, con suerte, nuestro equipo funcionará cuando lo reiniciemos.

Hay que distinguir entre archivos de arranque, que son específicos de Windows, y archivos que se cargan en el arranque; la Reparación de inicio sólo afecta a los primeros, pero un daño grave en los segundos también puede bloquear el sistema. Desde *Windows XP*, se guardan copias periódicas del registro de sistema y de los originales de los archivos importantes que han sido modificados, copias a las que podemos acceder mediante la opción **Restaurar sistema**.

Podemos acceder a esta herramienta escribiendo *msconfig* en *Inicio-Ejecutar*, *Restaurar sistema* aparecerá como un botón en la pestaña principal (*XP*), o como una de las opciones de la pestaña *Herramientas* (*Vista*). También estará disponible en el menú de reparación del DVD de instalación de *Vista* y *Windows 7*.

¿Qué pasa si Windows no arranca, y no tenemos a mano el DVD de instalación o se trata de un sistema XP? Todavía nos queda una última opción.

Además de la *última configuración buena conocida*, podemos seleccionar en el *menú de arranque de Windows* el **Modo seguro** (o si necesitamos acceder a Internet, *Modo seguro con funciones de red*), que realiza un arranque mínimo evitando controladores y programas de arranque innecesarios, que suelen ser los responsables del fallo. Dentro del *modo seguro* podremos desinstalar componentes y utilizar herramientas de diagnóstico y reparación, incluyendo *Restaurar sistema*, que ahora estará disponible con *Inicio-Ejecutar-msconfig*.

Sea cual sea el método elegido, una vez activada la restauración del sistema a un estado anterior seleccionaremos el día hasta el que queremos retroceder, de entre los disponibles en un **calendario** que se nos mostrará en pantalla.

Cuanto más lejos restauremos más seguros estaremos de evitar la causa del problema, pero más distinta será la configuración restaurada de la actual del equipo, que puede ser una causa de problemas. Lo mismo ocurre con los contenidos del escritorio y otras carpetas del sistema, que pueden variar en gran medida respecto a los que teníamos, por lo que nunca estará de más hacer una copia de seguridad antes de probar la restauración.

1.3 AUTORUNS Y PROCESS EXPLORER

En general, tanto *Restaurar sistema* como la *última configuración buena conocida* suelen utilizarse para reparar un fallo al poco de que éste haya tenido lugar, y principalmente cuando no deja que el equipo arranque correctamente. Sin embargo, se trata de herramientas muy bastas para corregir problemas muy sutiles, en particular la desactivación de la ejecución en el arranque de programas que llevan tiempo en el equipo, por ejemplo porque consumen muchos recursos, o porque estamos intentando eliminar manualmente un virus.

En teoría podemos recurrir a la pestaña **Inicio de Windows** en *Inicio-Ejecutar-msconfig* para ver un listado de programas que se ejecutan en el sistema, desactivando aquellos que no queremos que se inicien automáticamente, pero en la práctica la lista es muy reducida y apenas ofrece información.

Autoruns (www.sysinternals.com, actualmente propiedad de Microsoft) es un pequeño programa gratuito que muestra un listado completo de las aplicaciones que se ejecutan en el arranque, permitiendo su activación/desactivación, lo que es extremadamente útil, porque muchos programas agregan componentes no necesarios al arranque de Windows, ralentizando el encendido y apagado del sistema, llenando el *área de notificación* de iconos inútiles y consumiendo así valiosos recursos del equipo.

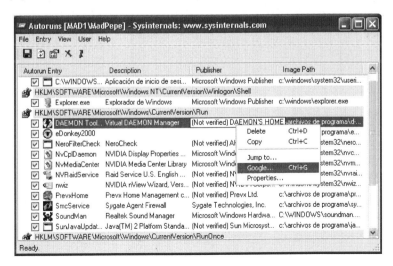

Curiosamente, el mayor problema de *Autoruns* es la gran cantidad de información que puede proporcionarnos, del orden de miles de líneas en el peor de los casos, así que convendrá realizar una configuración previa en la opción *View* del menú antes de empezar a utilizarlo. La configuración es muy sencilla, ya que nos limitaremos a activar todas las opciones:

- **Show Applnit DLLs:** muestra las librerías DLL (pequeños ejecutables utilizados por otros programas) registradas como elementos del arranque.

- **Show Explorer Addons:** muestra extensiones del explorador (Internet Explorer), como complementos, barras de herramientas, configuraciones de instalación activas y ganchos de ejecución del entorno. En resumen, aquellos elementos a los que un programa nocivo puede engancharse para ser ejecutado desde el uso normal del sistema en lugar de utilizar el arranque del mismo.

- **Show Services:** muestra los servicios configurados para ejecutarse automáticamente durante el arranque del sistema.

- **Show Winlogon Notifications:** muestra las DLL registradas para notificaciones de sucesos de *login* desde *Winlogon*. Al no pertenecer directamente al arranque, pueden pasar inadvertidas para ciertos detectores de programas nocivos.

- **Show Winsock Protocols:** muestra protocolos *Winsock* registrados. El *malware* suele instalarse como un proveedor de servicios *Winsock* porque hay pocas herramientas capaces de eliminarlo; *Autoruns* puede desinstalarlos pero no deshabilitarlos, por lo que habrá que tener mucho cuidado y no desinstalar un elemento válido.

- **Hide signed Microsoft entries:** se trata de una opción casi imprescindible en la eliminación de programas nocivos, ya que oculta las miles de líneas correspondientes a archivos firmados por Microsoft y verificados online, y que por lo tanto se consideran seguras (por no decir que reduciremos mucho el riesgo de eliminar algún elemento importante de Windows). En sistemas sin conexión a Internet la opción aparecerá como *Hide Microsoft Entries*.

- **Verify code signatures:** Utiliza la conexión a Internet para comprobar que el archivo no ha sido alterado. *Autoruns* mostrará el texto *Not verified* junto al nombre de la compañía de aquellos programas que no dispongan de un certificado válido, lo que no quiere decir que se trate de un programa nocivo, pero es una buena pista inicial.

En general, para hacer una limpieza con *Autoruns* (después de cargar la configuración anterior y actualizar la vista pulsando el botón *Refresh*) nos lanzaremos y **eliminaremos todas las opciones dudosas**, dejando solamente aquellas que sepamos que son imprescindibles, sabiendo que el programa mostrará un aviso si intentamos desactivar una función crítica para el equipo, como *Winlogon*. Una vez reiniciado el sistema deberemos probarlo un rato, comprobando si algún elemento importante ha dejado de funcionar y reactivándolo de nuevo en *Autoruns*.

El proceso parece complicado, pero basta con un poco de práctica y una pizca de experimentación para utilizar este programa con soltura. Además, *Autoruns* no sólo proporciona un icono y una descripción, sino que si pulsamos con el botón derecho sobre una de las líneas aparecerá la **función Google**, con la que lanzaremos una búsqueda para ayudarnos en la identificación del archivo.

Una buena pista es que en la mayoría de los virus la identificación de la empresa propietaria aparece en blanco en la columna *Publisher*, al no estar firmados digitalmente, pero hay que saber que ocurre lo mismo con muchos programas válidos, sobre todo aquellos creados por aficionados y ofrecidos de forma gratuita.

En el peor de los casos podemos encontrarnos con que Windows no arranca, pero como todos los cambios realizados por *Autoruns* son únicamente **modificaciones del registro** (excepto aquellos que advierten que se llevará a cabo una desinstalación del componente), bastará con volver a la *última configuración buena conocida*, tal y como vimos antes, para restaurar por completo la funcionalidad del equipo.

Una excepción es cuando estamos realizando una limpieza en el equipo de otro usuario, ya que éste puede descubrir, días más tarde, que algún elemento importante del equipo ha dejado de funcionar porque nos hemos cargado su arranque. En este caso deberemos ser muy cuidadosos y desactivar únicamente aquellos elementos de los que estemos seguros.

¿Cómo podemos saber si un programa está consumiendo muchos recursos? Podemos utilizar el *Administrador de Tareas* (*Ctrl+Alt+Supr*) para revisar los programas que se ejecutan en el PC en un momento dado (procesos), pero recordar cuales son imprescindibles requiere práctica.

Afortunadamente disponemos del hermano pequeño de *Autoruns*, **Process Explorer** (www.sysinternals.com), que muestra las dependencias entre los distintos procesos, visualizándolos en forma de árbol y ofreciendo descripciones detalladas, y que también incluye la opción de buscar los procesos en *Google* para facilitar su identificación.

Con *Process Explorer* visualizaremos los procesos que están siendo ejecutados, así como el porcentaje de recursos que consumen; si creemos que son innecesarios pulsaremos botón derecho sobre ellos, cerrándolos con **Kill Process**, y viendo que pasa.

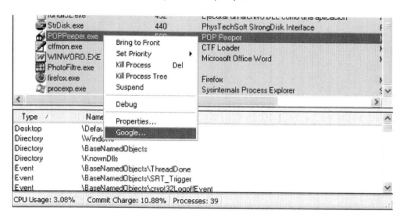

Dado que *Process Explorer* sólo cierra el proceso, sin realizar ningún tipo de cambio en el registro, en el peor de los casos bastará con reiniciar el equipo para que todo vuelva a la normalidad. Pero si realmente comprobamos que el proceso es innecesario, y que éste se ejecuta cada vez que encendemos el equipo, podemos buscarlo con *Autoruns* y deshabilitarlo permanentemente.

A la hora de eliminar programas nocivos deberemos tener paciencia y **leer con cuidado**, porque muchos virus utilizan nombres similares a los ejecutables reales, como *Iexplore.exe* en lugar de *Iexplore.exe* (virus *Oblivion.B*) o *System.exe* en lugar de *System*. Normalmente no es buena señal que aparezca más de una vez el nombre del mismo proceso, excepto en el caso de *svchost.exe*, que es una máquina virtual dedicada a la ejecución de DLL heredadas de sistemas operativos antiguos, por lo que el hecho de que esté repetido no quiere decir que se esté ejecutando más de una instancia del mismo programa, sino que se trata de múltiples DLL, cada una alojada en su propio entorno virtual.

En teoría podemos utilizar la información extendida que aparece en la zona inferior de *Process Explorer* para localizar las DLL relacionadas con un determinado proceso, pero en la práctica identificar si son o no nocivas es una tarea bastante ardua.

1.4 AÚN HAY MÁS

Hemos visto como restaurar el registro, resolver los fallos de los archivos de arranque y eliminar componentes innecesarios. Estas nociones resolverán muchos problemas de Windows, pero esto no quiere decir que tengamos todas las respuestas.

Veamos algunas soluciones de reparación de nivel medio:

Controladores: se trata de archivos y programas que explican a Windows como utilizar los componentes físicos del PC, su hardware. Microsoft firma digitalmente los controladores cuya compatibilidad ha comprobado, pero dado el ingente número de dispositivos que hay en el mercado, sólo una pequeña porción de controladores están firmados. Si Windows no arranca en modo normal, pero lo hace en modo seguro, y no conseguimos determinar mediante *Autoruns* el causante del problema, podemos utilizar *Inicio-Ejecutar-sigverif* para obtener un listado de los controladores no firmados, procediendo a desinstalarlos manualmente o, en el peor de los casos, quitando los archivos asociados a ellos y guardándolos en una carpeta temporal (lo que producirá el mensaje *Error al iniciar al menos un controlador o servicio*).

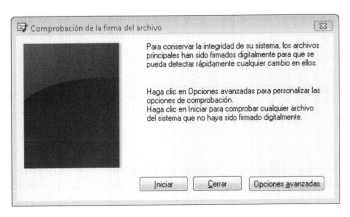

Daños graves de los archivos del sistema: en ocasiones Windows arranca pero no consigue llegar al *Modo seguro*, debido a que ciertos archivos vitales han sido dañados. En estos casos, la solución suele ser instalar Windows sin borrar el sistema antiguo (tal y como veremos en el capítulo 3), lo que regenera los archivos sin perder los programas instalados y los contenidos.

Desactivación de virus: los programas nocivos suelen protegerse, ejecutándose de nuevo tan pronto como los cerramos con *Process Explorer*, y reactivando su autoarranque tan pronto como lo desactivamos con *Autoruns*. En este caso deberemos reiniciar y entrar en *Modo seguro*, evitando así su ejecución inicial y pudiendo desactivarlos con *Autoruns*. Esto nos permitirá eliminar la mayoría de los virus, excepto los *rootkits* (programas que modifican archivos de base del sistema operativo) más recalcitrantes.

Antivirus online: una vez desactivado el arranque de los archivos nocivos y reiniciado el sistema, podemos ejecutar un antivirus para que realice una limpieza del sistema. No nos vale un antivirus local, ya que podría estar contaminado, y lo mismo puede ocurrir si instalamos uno nuevo. Por lo tanto, lo mejor será recurrir a un **antivirus on-line**, como el disponible en www.pandasoftware.com, para que compruebe las amenazas del disco duro y se encargue de eliminarlas.

¿Qué pasa si ninguna de las soluciones anteriores funciona? Primero tendríamos que descartar un posible problema de hardware (cuya reparación estudiaremos al final del libro), pero llegados a este extremo es posible que nos estemos enfrentando a un *rootkit*, a un problema serio de configuración o, simplemente, a la típica inestabilidad de Windows, que tiende a corromperse con el tiempo.

En este caso lo mejor que podemos hacer es eliminar todos los restos de Windows e instalarlo de nuevo, pero para ello deberemos realizar antes una buena copia de seguridad de nuestros datos.

Capítulo 2

COPIA DE SEGURIDAD
··

Podemos reinstalar Windows, y un componente dañado puede ser reemplazado, pero la información puede ser irreemplazable; documentos de trabajo, el regalo de un amigo o recuerdos de una boda. Por eso es imprescindible realizar copias de seguridad de forma periódica.

2.1 FAB'S AUTOBACKUP

El mayor problema de las copias de seguridad es que los archivos importantes tienden a estar desparramados por todo el disco duro. *Fab´s AutoBackup* (www.fpnet.fr), está diseñado para realizar copias de las carpetas de datos del sistema, a la vez que guarda contraseñas y configuraciones de cuenta de las principales aplicaciones. Su tremenda utilidad a la hora de realizar copias de seguridad rápidas, seguras y cómodas convierte a *Fab's AutoBackup* en una aplicación **imprescindible** para la práctica totalidad de los usuarios.

En este momento disponemos de dos versiones en el sitio web del programador. **Fab's AutoBackup 2** es el programa original, gratuito, y aunque tiene ciertos problemas de compatibilidad con *Vista* y *Windows 7* no se trata de nada insalvable. **Fab's AutoBackup 3** no da ningún problema con estos sistemas y ofrece más prestaciones (por ejemplo soporte para *Skype* y *Google Chrome*), pero es de pago, aunque su precio es sólo de 4,70 , lo que le convierte en una inversión muy interesante.

Estudiemos primero el funcionamiento de *Fab's AutoBackup 2*. Desde su menú principal, llamado *Backup Settings*, seleccionaremos los **elementos que queremos respaldar**, teniendo en cuenta que sólo aparecerán como disponibles aquéllos que estén instalados; en teoría podríamos utilizar *Advanced Backup* para seleccionar manualmente la ruta a la carpeta de origen de un programa que no guardase sus datos en la ubicación por defecto, pero en la práctica casi nunca es necesario.

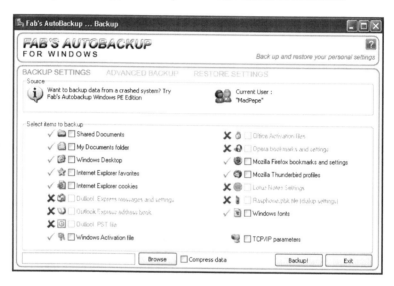

Además de la configuración de los programas de Internet y correo electrónico que estemos utilizando dispondremos de opciones para copiar la carpeta *Mis Documentos* (*My Documents folder*), el contenido del escritorio (*Windows Desktop*), los archivos de activación de *Windows* y *Office* y, una opción realmente interesante, los tipos de letra de *Windows* (*Windows fonts*), ya que muchos usuarios instalan tipos de letra personalizados y después de reinstalar el equipo descubren que han desaparecido y ya no recuerdan de dónde los sacaron.

Una vez realizada la selección introduciremos la **ubicación de destino** mediante el botón *Browse* (explorar), diremos si vamos a comprimir el archivo resultante (cuadro de selección *Compress Data*) y pulsaremos *Backup!* (respaldar) para comenzar la copia. Aquí es donde aparece la **incompatibilidad con Vista**; realiza correctamente la copia, pero no puede detectar el usuario, y la archiva como *Unknown user*, lo que afectará después al procedimiento de restauración de la misma.

Para llevar a cabo la **restauración de una copia** abriremos *Fab's Autobackup*, seleccionando *Restore Settings* y utilizando el botón *Browse* para indicar dónde se encuentran los archivos de la copia, activando a continuación los elementos que queramos recuperar y pulsando el botón *Restore!* Si se trata de un equipo nuevo o reinstalado, primero deberemos agregar los programas correspondientes, realizando una configuración somera de los mismos (por ejemplo, finalizando el asistente de creación de cuentas de correo en *Thunderbird*) para que existan las carpetas de destino.

Volviendo al tema de la **incompatibilidad**, si el sistema es *Vista* o *Windows 7*, *Fab's* no será capaz de identificar la carpeta de usuario, por lo que deberemos acceder a *C:\Usuarios*, localizar donde guardan las aplicaciones sus archivos y copiarlos manualmente desde la copia de seguridad.

Por supuesto, una solución mucho más sencilla es usar **Fab's AutoBackup 3**, que no tiene estos problemas. En la pantalla inicial deberemos elegir si estamos realizando un *backup* o queremos restaurar datos, especificando la ruta donde se guardará/accederá a la copia. A partir de ahí el funcionamiento será análogo a *Fab's 2*, sólo que con más opciones, como soporte para *Google Chrome*, *Apple Safari*, *Incredimail*, *Skype*, *Live Messenger* y *Windows Calendar*.

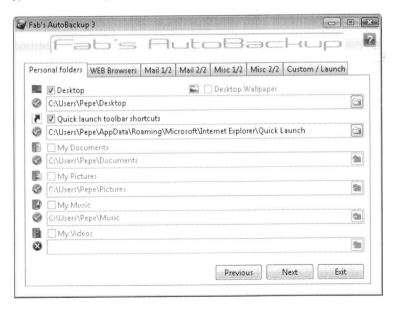

2.2 OBTENCIÓN DE CONTROLADORES

Los **controladores**, también llamados *drivers*, son imprescindibles para el correcto funcionamiento del equipo, ya que indican a Windows cómo utilizar el hardware del equipo; por ejemplo, sin ellos la funcionalidad de la tarjeta gráfica se vería muy reducida, y no tendríamos sonido. Por eso conviene guardar una copia mientras todavía estamos a tiempo, ya que no hay nada más fastidioso que reinstalar Windows y descubrir que no tenemos el controlador de la tarjeta de red, por lo que no podemos acceder a Internet para descargarlo.

Empezaremos por utilizar un programa de **copia de controladores** como *Double Driver* (http://boozet.sepher.net, *freeware*), que localizará los instalados en el equipo y los guardará en la ubicación que elijamos.

Basta con presionar *Scan* para obtener un listado de los controladores. Después sería conveniente utilizar *Select-Provider-Other* para **deseleccionar los controladores de Microsoft**, ya que la gran mayoría pertenecen al propio sistema operativo, y para finalizar pulsaremos *Save* y guardaremos nuestra copia de los controladores.

La copia que acabamos de realizar puede sacarnos de apuros, pero puede fallar por completo si necesita la **instalación de programas asociados**, como es el caso de ciertos dispositivos de captura de vídeo o algunas teclas especiales. En este caso lo ideal sería utilizar los CD de controladores originales.

Estos CD deberían acompañar al equipo, pero no siempre es así; también pueden perderse o necesitar actualizaciones, por lo que al final es bastante frecuente que nos veamos forzados a descargar los controladores desde la **página del fabricante**. En teoría es un proceso sencillo, pero los diseños varían, y no siempre conocemos el modelo de los dispositivos instalados, ni siquiera si abrimos el PC y los examinamos.

Afortunadamente la identificación puede llevarse a cabo fácilmente instalando una versión demo de *Everest Ultimate Edition* (www.lavalys.com), que en sus diversas pestañas ofrecerá información sobre los dispositivos instalados, siendo el más importante el **nombre de la placa base** (dentro de *Propiedades de la placa base*), ya que contiene la mayoría de los elementos básicos del equipo, incluyendo el audio y la tarjeta de red.

Campo	Valor
◈ Propiedades de la Placa Base	
◈ Identificación de la Placa Base	07/29/2008-NF-MCP6
◈ Nombre de la Placa Base	Shuttle FN68
◈ Propiedades del Bus principal	
◈ Tipo de Bus	AMD Hammer
◈ Reloj real	200 MHz
◈ Reloj efectivo	200 MHz
◈ Reloj de HyperTransport	1000 MHz
◈ Información física sobre la Plac...	
◈ Sockets/slots CPU	1 Socket AM2
◈ Slots de expansión	1 PCI, 1 PCI-E x16

Everest incluye al fondo un enlace a la página de la placa en la web del fabricante; no siempre funciona pero, a partir de ahí y teniendo el nombre de la placa será fácil encontrar la zona de descarga de controladores, sobre todo si sabemos que los fabricantes suelen distribuir sus placas según su tipo de **socket** (zócalo para el microprocesador), una información que también nos ofrece *Everest*.

En las áreas de descarga podemos identificar varios tipos de controladores:

- **Actualización de la BIOS:** no está mal tenerla a mano, pero es un proceso peligroso, que sólo realizaremos si es absolutamente necesario (estudiaremos la actualización al final del libro).

- **SATA/RAID:** puede resultar imprescindible a la hora de instalar el sistema operativo. En el caso de *Vista* será conveniente disponer de una copia en un CD o lápiz de memoria, mientras que con *XP* tendríamos que utilizar un disquete o crear un CD de instalación personalizado.

- **Tarjeta de red:** disponer de este controlador será imprescindible si queremos acceder a Internet después de reinstalar el equipo, por ejemplo para descargar más controladores posteriormente.

- **Controladores generales:** proporcionarán soporte para hardware integrado en el equipo, como la tarjeta gráfica o el sistema de sonido.

- **Funciones especiales:** es habitual que los portátiles incluyan los controladores necesarios para el funcionamiento de ciertas funciones específicas, como los botones de activación y desactivación de la tarjeta *Wi-Fi* y otros elementos (ahorro de energía), así como una tecla *Fn* (función) para que el teclado proporcione controles para factores como la luminosidad de la pantalla o el volumen de audio. Los *touchpad* también pueden proporcionar funciones especiales, como la emulación de la rueda.

Además de los controladores de la placa base, necesitaremos los asociados a dispositivos externos, como impresoras y escáneres, así como los correspondientes a las tarjetas de expansión, en particular las gráficas pertenecientes a **NVIDIA** (www.nvidia.es) o **ATI** (www.ati.com), para cuya descarga necesitaremos conocer el modelo, que *Everest* nos proporciona en *Monitor-GPU*. Un proceso extremadamente sencillo pero, si tratamos de bajar los *drivers* para un portátil, veremos que éstos no son compatibles con él.

Por motivos de compatibilidad los controladores para **portátiles** deberían bajarse siempre de la página del fabricante, localizando su modelo si es necesario en la sección *Ordenador-DMI-Sistema-Producto* de *Everest*, para a continuación bajarlos del área de descarga oficial.

Campo	Valor
🔲 Propiedades del Sistema	
🔲 Fabricante	Packard Bell BV
🔲 Producto	EASYNOTE_MX52-B-057
🔲 Versión	94E04604
🔲 Número de serie	▬▬▬▬▬▬

Si queremos ser más precisos podemos utilizar el **número de serie** para acceder a la página de descargas específicas, ya que la identificación por modelo suele mostrar varios controladores para las mismas funciones, dependiendo de los distintos tipos de hardware comercializados, aunque podemos utilizar el *informe de hardware* de *Everest* para identificar los elementos correctos.

2.3 BACKUP DE CERTIFICADOS

Los certificados digitales cumplen dos funciones; **codificar** los contenidos para que sólo el destinatario pueda leerlos, y **marcar** digitalmente dicha codificación de forma que el destinatario sepa inequívocamente que lo hemos enviado nosotros y que no ha sido modificado.

El uso de certificados permite que podamos realizar de forma cómoda y segura funciones que antes sólo podíamos realizar en persona, siendo la **presentación telemática de documentos oficiales**, como la *declaración de Hacienda*, uno de los mejores ejemplos.

Hay varias entidades que proporcionan certificados de forma gratuita a particulares, pero por motivos de comodidad (y con mis disculpas a los posibles lectores de otros países) vamos a optar por el expedido por la **Fábrica Nacional de Moneda y Timbre de España** (www.fnmt.es).

Si seguimos el enlace de esta página a *Obtenga su Certificado Digital*, accederemos al menú de certificación proporcionado por *CERES*. Una de sus primeras sugerencias es **reducir la seguridad** de nuestro navegador, ya que si no lo hacemos podemos encontrar obstáculos durante la instalación; básicamente bastará con utilizar *Internet Explorer* y acceder a *Panel de Control-Opciones de Internet-Seguridad*, bajando la barra al valor *Medio*. Por supuesto, una vez terminado el proceso conviene volver a devolver la seguridad a *Medio alta*, el valor por defecto.

Ahora ya podemos seleccionar la **Solicitud del certificado**, donde bastará introducir nuestro DNI (conviene dejar la longitud de clave en *Grado alto*, pero no es imprescindible) para comenzar el proceso de generación del certificado.

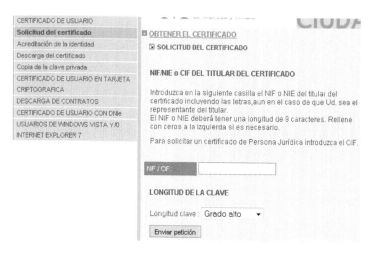

Basta con conocer el DNI de una persona para realizar estos pasos, por lo que es evidente que necesitamos establecer nuestra identidad de forma pertinente. El siguiente enlace es **Acreditación de la identidad**, que nos comunica las distintas oficinas por las que podemos pasar a validarlo (Policía Nacional, Hacienda, etc.) así como el plazo que tenemos para ello. Una vez presentado en persona el DNI en la oficina correspondiente se generará el certificado, que podremos descargar al cabo de 24 horas en *Descarga del certificado*.

Ya tenemos nuestro certificado, pero sólo estará instalado en el navegador que hemos utilizado para descargarlo. Necesitamos exportarlo para utilizarlo con otros navegadores, otros equipos o, simplemente, porque queremos disponer de una copia de seguridad para casos de emergencia.

Para ello accederemos otra vez a *Panel de Control-Opciones de Internet-Contenido* y presionaremos el botón *Certificados*, en cuya pestaña *Personal* deberíamos encontrar nuestro flamante certificado; tenga en cuenta que esta ubicación sólo es válida si hemos utilizado *Internet Explorer* para la solicitud; por ejemplo los certificados de *Firefox* se guardan en su menú *Herramientas*, dentro de *Avanzado-Cifrado-Ver Certificados-Sus Certificados*.

Una vez localizado nuestro certificado pulsaremos sobre él y seleccionaremos *Exportar* (*Hacer copia* en *Firefox*). Si lo hemos creado con *Internet Explorer* se nos dará la opción de **Exportar el certificado con o sin clave privada**, es decir, el par de llaves completo, que servirá para realizar la firma digital, o sólo la clave pública, que puede entregar a otros usuarios para que le envíen documentos de forma segura.

Recuerde que no debe entregar a nadie el certificado que incluye su clave privada, ya que podrían utilizarlo para falsificar su firma digital; por eso conviene utilizar el formato *PKCS12* durante la exportación protegiéndolo con una contraseña. Por cierto, *Firefox* opta por exportar siempre las dos llaves, y por eso nos obliga a establecer una contraseña que evitará su instalación no autorizada.

Para **instalar el certificado** utilizaremos la opción *Importar* del gestor de certificados del navegador, o haremos doble clic sobre él si queremos instalarlo en *Internet Explorer*. En el asistente se solicitará la contraseña con la que se protegió el certificado, y es muy importante activar la **protección de clave privada** para evitar que otros usuarios del equipo puedan utilizar su firma digital.

Escriba la contraseña para la clave privada.

Contraseña:

●●●●●●●●●●●●●●●

☑ Habilitar protección segura de clave privada. Si habilita esta opción, se le avisará cada vez que la clave privada sea usada por una aplicación.

☑ Marcar esta clave como exportable. Esto le permitirá hacer una copia de seguridad de las claves o transportarlas en otro momento.

☑ Incluir todas las propiedades extendidas.

Puede marcar la clave como exportable si desea permitir que se realicen copias de seguridad en el futuro, pero nunca sin haber habilitado antes la protección de clave privada. La casilla *Incluir todas las propiedades extendidas* se refiere a la información de contacto asociada al certificado, y es conveniente dejarla activada, ya que dichos datos asociados facilitan la identificación de nuestro certificado por parte de destinatarios remotos que reciban múltiples comunicaciones firmadas.

Un tipo especial de certificado está relacionado con la compresión en Windows. Podemos usar las opciones *Comprimir* o *Cifrar archivos* de forma transparente para el usuario en **particiones NTFS**, utilizando el menú que obtenemos al pulsar *botón derecho-Propiedades-Opciones avanzadas* sobre una carpeta o archivo.

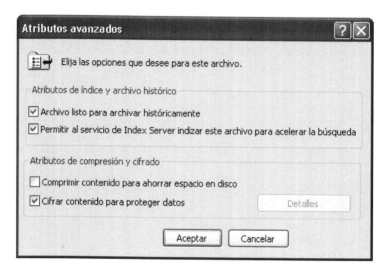

La **compresión** cambia el nombre del archivo o carpeta a azul y permite reducir el espacio ocupado al precio de un cierto retardo en el uso de los archivos, provocado por la descompresión y re-compresión en tiempo real. La **codificación EFS** (*sistema de archivos encriptado*) cambia el nombre a verde y también es transparente para el propietario (es decir, sólo apreciará el cambio de color), a la vez que bloquea su apertura o ejecución por parte de otros usuarios.

El problema viene cuando alguien más tiene que acceder a los archivos, por ejemplo el administrador, o si debemos reinstalar el sistema, ya que aunque se cree un usuario con el mismo nombre y contraseña para Windows se tratará de un usuario distinto sin derecho a acceder a los archivos codificados por el anterior, por lo que **será imposible abrirlos**.

Por eso **se desaconseja el uso de la codificación EFS** en sistemas normales, ya que es muy fácil que se produzcan pérdidas permanentes de datos, aunque hay que tener en cuenta que las copias de seguridad realizadas por el propietario sobre sistemas que no son NTFS se decodifican automáticamente.

Si vamos a utilizar EFS deberemos exportar su clave de codificación desde el agente de recuperación, de forma que en el futuro pueda utilizarse dicha clave para acceder a los archivos codificados aunque reinstalemos el equipo. Los pasos a seguir son:

- Para que sea posible **exportar su clave EFS** el usuario debe disponer de privilegios administrativos. Si no es así un administrador deberá ascenderle, normalmente de forma temporal, modificando para ello su cuenta en *Panel de control-Cuentas de usuario.*

- Desde la cuenta de usuario correspondiente accederemos a *Inicio-Ejecutar,* escribiendo *cipher /x* y pulsando *Aceptar* en la ventana que aparece.

- A continuación daremos un nombre para el *archivo de exportación PFX* (por ejemplo, el mismo que el de la cuenta de usuario) e introduciremos una clave para protegerlo.

- Una vez creado el archivo PFX lo moveremos a algún lugar seguro (por defecto se encontrará en el directorio raíz de la carpeta del usuario que la invoca, dentro de *Documents and Settings*), conservando siempre una copia de seguridad.

Para que otro usuario pueda abrir los archivos codificados bastará con que acceda al archivo PFX que contiene la carpeta EFS y pulse con el botón derecho del ratón sobre él, seleccionando *Instalar* e introduciendo a continuación la contraseña de protección que se agregó durante su creación.

2.4 PROTECCIÓN DE LA INFORMACIÓN

Guardar una copia de seguridad en el disco duro del PC puede ser útil si queremos recuperar algún dato antiguo, pero no nos servirá de nada si el propio disco se estropea (o es víctima de un virus que lo borra), ya que entonces perderemos los datos y la copia. Por eso es conveniente guardar dichas copias aparte, por ejemplo grabándolas en DVD, discos duros externos o incluso un sistema de **almacenamiento on-line**, como *SkyDrive* (http://skydrive.com), cuya cuenta gratuita proporciona un máximo de 25 GB, limitados a 50 MB por archivo. Sin embargo, guardar la información fuera del PC disminuye el riesgo de destrucción pero aumenta el riesgo de robo, por lo que será necesario proteger los datos de alguna forma.

TrueCrypt (www.truecrypt.org) crea **volúmenes virtuales** codificados que se montan como una unidad en *Mi PC* al escribir la contraseña correspondiente, pudiendo utilizarse sin necesidad de decodificar uno a uno los archivos que contiene. Cuando terminamos de trabajar con el volumen lo desmontamos y la información queda protegida, incluyendo los archivos temporales no eliminados, que por defecto deberían encontrarse en su interior.

Una vez instalado *TrueCrypt* ejecutaremos el asistente de **creación de volúmenes** (*Volumes-Create New Volume*), se nos ofrecerá la oportunidad de crear un volumen estándar u oculto (*hidden*); dentro de los volúmenes estándar podemos elegir entre crear un archivo (*Select file*) o una unidad de disco o partición (*Select Device*, también se puede utilizar sobre unidades externas, como discos y memorias USB), pero en este caso se perderá el contenido de la unidad elegida.

A continuación seleccionaremos el **algoritmo de codificación**; podemos dejar el valor por defecto o, si nos interesa una codificación rápida, utilizar *Blowfish* en lugar de *AES*. Después de elegir el tamaño del volumen tendremos que especificar una contraseña, que debería tener un mínimo de 10 caracteres sin lógica predecible (el programa recomienda 20 o más caracteres), y por último elegiremos el sistema de archivos en el que se formateará la nueva unidad virtual.

La forma más cómoda de **montar un volumen** es haciendo doble clic sobre él, con lo que aparecerá la ventana principal de *TrueCrypt*. A continuación elegiremos la letra de unidad que queremos asignarle y pulsaremos el botón *Mount*, introduciendo en la ventana que aparece la contraseña correspondiente, con lo que la unidad aparecerá en *Mi PC* lista para su uso. Para **desmontar** un volumen dado bastará con seleccionarlo en la ventana y pulsar *Dismount*, o *Dismount All* si queremos desactivarlos a todos.

Otro tema importante son los programas que estamos utilizando. Excepto en muy raras excepciones, no será posible aprovecharlos tal cual están, ya que aunque copiemos el contenido de sus carpetas, no podremos copiar las modificaciones que realizaron en el registro, ni sabremos que archivos han sido copiados a la carpeta de librerías comunes. Por lo tanto, **para reinstalar nuestros programas deberemos guardar una copia de sus instaladores**, o descargarlos si es que es posible.

¿Qué pasa con los archivos borrados? Por más que insistamos en lo importantes que son las copias de seguridad, la verdad es que por una causa u otra, siempre acabamos perdiendo algún archivo importante. Una de las mejores aplicaciones para la **recuperación de archivos eliminados** es *Recuva* (www.recuva.com). Al ejecutar el programa aparecerá un asistente preguntando el tipo de archivos que queremos recuperar (fotos, vídeos, etc.), pudiendo elegir *Otros* para que simplemente muestre todos los tipos de archivo.

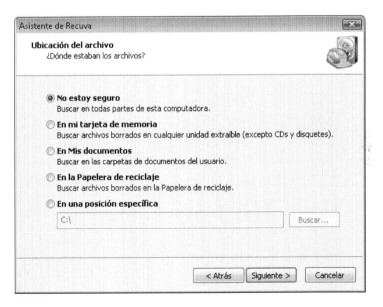

Por último nos preguntará si queremos realizar un **escaneo profundo**. Normalmente realizaremos una búsqueda normal si intentamos localizar un archivo determinado, y dejando para un segundo intento la opción más eficiente. En cambio si nuestra intención es recuperar el máximo número de archivos empezaremos por el escaneo profundo, ya que se tratará de obtener el mejor resultado posible.

Una vez terminado el escaneo, *Recuva* mostrará un indicador de color a la izquierda de cada archivo encontrado; verde para archivos en buen estado, ámbar para archivos dañados, rojo para los que resultan **irrecuperables porque han sido sobreescritos** por otro archivo. Para organizar los archivos por sus posibilidades de recuperación podemos pulsar en la columna *Estado*, marcando a continuación los que están en verde, y preferiblemente sólo aquéllos cuyo nombre tenga algún sentido, ya que los demás serán archivos temporales.

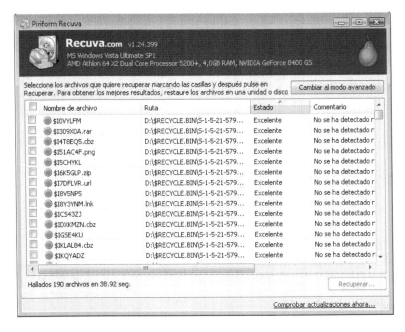

Si pasamos al *Modo Avanzado* tendremos acceso al menú *Opciones,* donde podremos activar el **escaneo profundo** y la búsqueda de archivos que no hayan sido eliminados (por ejemplo, para particiones formateadas); en este caso la búsqueda será mucho más exhaustiva, pero también llevará mucho más tiempo.

Aunque *Recuva* no nos obliga a hacerlo, deberíamos **guardar los archivos recuperados en unidades distintas a la analizada**, para evitar que el guardado machaque datos que queramos recuperar después, ya que nunca sabemos si tendremos que repetir la búsqueda, por ejemplo, de forma exhaustiva.

Es más, si detectamos que ha habido una pérdida de datos lo ideal sería desenchufar el equipo sobre la marcha, evitando así posteriores modificaciones del disco duro por parte del sistema, y arrancar con nuestro disco de reparación (*Recuva* es uno de los *plugin* de UBCD) para ejecutar la recuperación de forma externa al disco duro.

Capítulo 3

INSTALACIÓN DE WINDOWS

En el caso de Windows, la reinstalación es tan frecuente que todo usuario debería saber cómo realizarla, y por eso vamos a estudiar cómo preparar y realizar una reinstalación para que ésta sea lo más sencilla posible, centrándonos en la eliminación completa del viejo sistema operativo y su sustitución por una nueva copia, la llamada **reinstalación limpia**, aunque a lo largo del capítulo también estudiaremos otras opciones.

3.1 PREPARACIÓN Y ARRANQUE

Antes de empezar deberemos realizar una **copia de seguridad en un dispositivo externo**, así como comprobar que el sistema puede ser iniciado desde el lector de DVD, tal y como vimos en los capítulos anteriores. Una vez hecho esto, y armados con el CD/DVD de instalación de Windows y los controladores del sistema, estaremos preparados para empezar la instalación.

El primer paso será iniciar el equipo, introduciendo rápidamente el CD/DVD de instalación en la unidad lectora y estando atentos al mensaje **Pulse cualquier tecla para arrancar desde el CD**. Obviamente deberemos pulsar cualquier tecla para iniciar la instalación, pero sólo la primera vez, ya que el equipo se reiniciará durante el proceso de instalación y el mensaje volverá a aparecer, debiendo ignorarlo en estos casos, o la instalación volverá a empezar desde el principio.

Si no introducimos el CD lo suficientemente rápido o no pulsamos una tecla cuando aparece el mensaje correspondiente el sistema arrancará normalmente, debiendo reiniciarlo con el CD dentro para darle tiempo a mostrar el mensaje. En el caso de discos duros sin particiones, el proceso de instalación empezará sin preguntar. Si aun así no aparece el mensaje de instalación puede que el CD/DVD esté dañado, pero lo más típico es que la **secuencia de arranque** de la BIOS esté mal definida, o que el teclado USB no esté funcionando en ese momento, tratándose en ambos casos de problemas de configuración de la BIOS, cuya solución vimos antes.

Una vez iniciada la instalación mediante "pulse cualquier tecla", las cosas son un poco distintas según el sistema operativo elegido:

- *Windows XP:* presenta una pantalla azul, con una línea blanca en su zona inferior que nos indica que podemos pulsar *F2* para ejecutar la reparación del sistema automatizada, una función rara vez usada, relacionada con el sistema de copia de seguridad de Windows (*NTBackup*). Acto seguido aparece otro mensaje donde se nos sugiere pulsar *F6* para cargar un controlador personalizado, que ignoraremos por el momento, y por último se solicita la pulsación de *F8* para aceptar el acuerdo de licencia, o EULA, y empieza la detección del disco duro.

- *Vista / Windows 7:* al cabo de un rato aparecerá la pantalla de configuración del idioma de instalación, y después de pulsar *Siguiente* elegiremos el botón principal, *Instalar ahora*. A continuación se solicita la clave de producto; lo normal será introducirla y pulsar *Siguiente*, aceptando los términos de licencia.

Tanto *Vista* como *Windows 7* incluyen todas las **versiones** del sistema (tanto domésticas como profesionales) en el mismo DVD; si queremos experimentar un poco dejaremos la clave en blanco, quitando la marca a *Activar Windows automáticamente cuando me conecte a Internet*, indicando que no deseamos escribir la clave de producto. A continuación pasaremos a la siguiente pantalla, donde se nos permitirá elegir la versión que queremos usar, confirmándolo mediante *He seleccionado la versión de Windows adquirida* antes de pulsar *Siguiente*, disponiendo de un mes para probar dicha versión antes de que Windows pase a **modo reducido**.

Una vez hecho esto, se procederá a la detección del disco duro; no habrá ningún problema si se trata de discos IDE, o discos SATA en modo de emulación IDE, pero necesitaremos cargar controladores para utilizar RAID, SCSI o AHCI.

3.2 CONTROLADORES DE DISCO

Cuando estudiamos la BIOS vimos que es preferible configurar el modo de trabajo de la controladora de disco en emulación IDE, ya que evita problemas con la **detección de discos duros SATA**. Pero no podremos utilizar esta opción si los discos están compartidos en modo RAID, si estamos utilizando discos SCSI, o si necesitamos las capacidades extra de AHCI, como la posibilidad de conectar/desconectar los discos con el equipo encendido. Sea cual sea el motivo, si Windows no detecta el disco duro será necesario agregar el controlador correspondiente, descargándolo si es necesario, tal y como vimos en el capítulo anterior.

En el caso de **XP** la instalación muestra un mensaje indicando que no ha podido detectar el disco duro, sin darnos otra opción más que reiniciar. Para agregar el controlador deberemos estar atentos durante la ejecución de la instalación, leyendo la línea blanca al fondo de la pantalla azul que aparece durante el arranque y presionando *F6* cuando aparezca esta opción.

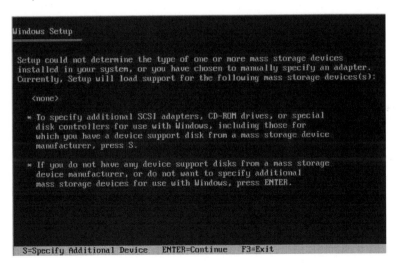

Una vez hecho esto la instalación seguiría normalmente durante un rato, pero en lugar de mostrar el mensaje de error sobre el fallo de detección del disco, aparecerá un mensaje indicando que debemos pulsar *S* para agregar el **disquete de controladores**, seleccionándolo a continuación en el listado que aparece y repitiendo el proceso (mediante nuevas pulsaciones de la tecla *S*) si hay más de uno.

Este proceso tiene dos problemas graves; por una parte, las disqueteras casi no se usan en la actualidad, y es perfectamente posible que esté averiada, o que ni siquiera esté instalada, como es el caso de los portátiles. Por lo tanto, para instalar *XP* cuando no podemos activar la emulación IDE en la BIOS, necesitaremos **crear un CD de instalación específico** que ya contenga los controladores necesarios.

Para ello descargaremos el programa *nLite* (www.nLiteos.com). Introduciremos el CD de instalación de *XP* en el lector, cancelaremos cualquier mensaje que aparezca en pantalla y ejecutaremos el programa *nLite*, seleccionando el lenguaje *Español* en el desplegable, indicando la ubicación del CD de *XP* y dónde queremos que se guarden los archivos (por ejemplo una carpeta en el escritorio). Al terminar la copia accederemos a la ventana *Selección de Tareas*, activando *Integrar Controladores* y también *Crear un ISO autoarrancable*.

Cuando lleguemos a la ventana de integración bastará con establecer la ubicación de los controladores SATA (que deberíamos haber descargado previamente desde la web del fabricante, descomprimiéndolos en caso necesario) para que éste ejecute el proceso de integración, accediendo finalmente a la ventana de grabación y pulsando *Quemar Imagen* en el desplegable de la esquina superior derecha, obteniendo así nuestro **nuevo CD de instalación**.

Por cierto, deberemos **conservar el CD original** para poder repetir el proceso en el futuro, ya que *nLite* sólo puede agregar controladores una vez a una instalación dada.

Una vez superada la detección del disco duro y si *XP* detecta una instalación anterior, nos preguntará si deseamos instalar ahora o recuperar una instalación de *Windows* mediante la consola de recuperación, a lo que responderemos presionando *Enter* para seleccionar la primera opción.

```
Programa de instalación.

Esta parte del programa de instalación prepara Microsoft(R)
Windows(R) XP para que se utilice en este equipo.

    • Para instalar Windows XP ahora, presione la tecla ENTRAR.

    • Para recuperar una instalación de Windows XP usando
      Consola de recuperación, presione la tecla R.
```

Al arrancar con el nuevo CD ya no será necesario pulsar *F6* para indicar la carga de controladores desde la disquetera, simplemente detectará el disco duro y continuará la instalación. Si hay una versión anterior la instalación puede ofrecernos su **reparación**, lo que copiaría los archivos de sistema sobre los preexistentes, reparándolos si han sido dañados pero sin perder datos, configuraciones o programas instalados. A veces podemos utilizar esta opción para reparar una instalación defectuosa, pero por lo general optaremos por eliminar la instalación anterior y agregar una nueva.

En la instalación de *Vista* o *Windows 7*, si la versión anterior es *XP* se nos ofrecerá realizar una **actualización**, algo que no es muy recomendable ya que significa mezclar contenidos de ambos sistemas operativos, por lo que normalmente elegiremos la instalación personalizada.

¿Qué tipo de instalación desea?

 Actualización
Actualice Windows y conserve los archivos, la configuración y los programas actuales.
Asegúrese de hacer una copia de seguridad de sus archivos antes de actualizar.

 Personalizada (avanzada)
Instale una copia limpia de Windows, seleccione dónde desea instalarla o realice cambios en discos y particiones.
Esta opción no conserva ningún archivo, configuración ni programa.

Volviendo a los controladores, en **Vista** y **Windows 7** sabremos que son necesarios porque no aparecerá ninguna unidad en la pantalla llamada *¿Donde desea instalar Windows?*

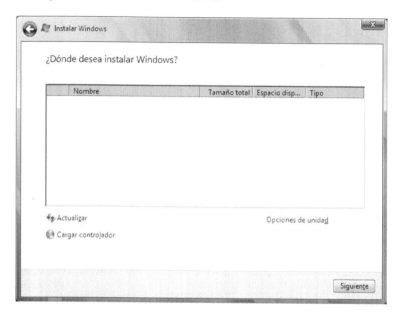

Para resolver el problema pulsaremos sobre *Cargar controlador*, en la esquina inferior izquierda, y utilizaremos el explorador que aparece para localizar la ubicación del controlador, que típicamente puede estar en el CD de controladores de la placa base, o haber sido descargado en un lápiz de memoria.

3.3 PARTICIONADO

Estamos acostumbrados a ver C: en Mi PC y considerar que se trata de nuestro disco duro. Un segundo disco aparecería como D: y sería muy útil para **guardar nuestros datos**, ya que al reinstalar Windows, borraríamos C: sin perder el contenido de la unidad de datos.

Incluso podríamos configurar *D:* como la **unidad de datos** por defecto, escribiendo *D:\Mis Documentos* en la ruta que encontraremos al hacer *botón derecho-Propiedades-Destino* sobre el icono *Mis Documentos*, ubicado en el escritorio.

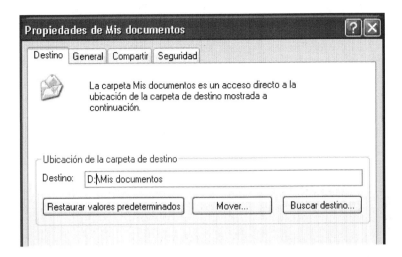

De esta forma sólo quedarían en la **unidad de sistema** los programas instalados (que no pueden ser aprovechados sin sus instaladores), el contenido del escritorio y algunas configuraciones que pueden extraerse fácilmente con *Fab's Autobackup*; es más, a la hora de realizar una copia de seguridad o una reinstalación nos bastaría ejecutar *Fab's* para guardar estos contenidos en la unidad de datos.

En la práctica, casi nadie dispone de dos discos duros, pero un disco duro puede ser particionado en dos letras de unidad, consiguiendo un efecto análogo. Por ejemplo, si nuestro equipo sólo dispone de una partición podemos utilizar el *Administrador de Discos* de *Vista*, o un programa como *EASEUS Partition Master* (www.partition-tool.com, gratuito para el usuario privado) para **reducir el tamaño de la unidad C:** lo bastante como para crear una nueva partición de datos a su derecha.

Vea que la partición de datos deberá ir siempre a la derecha; crearla a la izquierda significará alterar la ubicación de la partición de sistema, lo que puede impedir el arranque de Windows, y ésta es sólo una de las muchas formas posibles de meter la pata que ofrece la **modificación de particiones**. Por eso nunca deberíamos tomarla a la ligera, y siempre deberíamos tener una copia de seguridad actualizada.

También sería extremadamente desagradable borrar por error una partición de datos; por eso debemos insistir de nuevo en la **importancia de las copias de seguridad externas**.

Pero volvamos al proceso de instalación limpia. Si ya tenemos una partición de sistema y una de datos, nos limitaremos a seleccionar y **eliminar la partición de sistema** (utilizando la tecla *D* en *XP*, o el menú *Opciones de Unidad* en *Vista*), y a continuación presionando *Intro* sobre el espacio no particionado para continuar con la instalación.

Si el equipo tiene una sola partición, o si no hay particiones definidas en el disco duro, se nos sugerirá que asignemos todo el espacio a *C:*, lo que no nos interesa si también queremos una **partición de datos**.

Para cambiar esto accederemos a opciones personalizadas y asignaremos un tamaño mínimo a la primera partición de unos 30.000 MB para *XP* y unos 50.000 MB para *Vista*. Acto seguido repetiremos el proceso creando una segunda partición con el espacio restante, pulsando a continuación *Intro* sobre la primera para instalar en ella.

Nombre	Tamaño total	Espacio disp...	Tipo
Disco 0 Partición 1	20.0 GB	20.0 GB	Principal

Instalar Windows

Si elimina esta partición, se eliminarán permanentemente todos los datos almacenados en ella.

Por último, el sistema nos preguntará qué estándar vamos a usar para **formatear** la partición de sistema, eligiendo *NTFS rápido*, y a partir de aquí el equipo procederá al formateo y la copia de archivos, reiniciando cuando sea necesario. Recuerde que debe dejar que el equipo reinicie normalmente, ignorando los mensajes de *Presione cualquier tecla para iniciar* que proporciona el CD de instalación.

3.4 FINALIZANDO LA INSTALACIÓN

A partir de aquí el proceso es muy simple, limitándonos a aceptar las opciones por defecto y contestar a algunas preguntas, como el nombre del propietario del equipo. El único factor crítico es la introducción del código de registro en *XP*, ya que si no tenemos un código válido no podremos continuar la instalación. También será interesante activar la **instalación automática de actualizaciones**, ya que ayudará a mantener el equipo protegido.

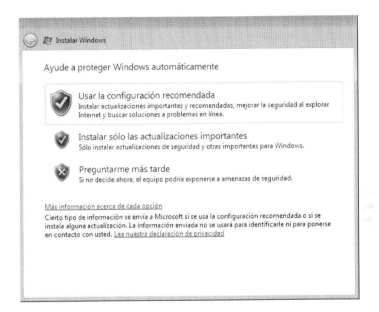

Hacia el final de la instalación el sistema intenta configurar la **resolución de pantalla** al máximo nivel que considera seguro, pero como medida de precaución nos muestra un mensaje solicitando que aceptemos ese modo. Si por cualquier motivo la pantalla no funcionase correctamente, no podríamos pulsar *Aceptar*, y Windows optaría por una resolución más baja.

Ya mencionamos que podemos retrasar la **activación** de *Vista* y *Windows 7* durante un mes. *XP* nos obliga a utilizar un código válido pero nos permite retrasar su activación durante 15 días antes de bloquearse, aunque sugiere que lo hagamos al final del proceso de instalación. La activación es gratuita, puede realizarse a través de Internet o por teléfono, y sirve para comprobar que no se está realizando una instalación pirata. Una vez seguidos estos pasos, el sistema dará por terminada la instalación y arrancará normalmente.

Aunque el sistema **Plug-and-Play** de Windows (algo así como *conecta y funciona*) debería detectar y configurar cualquier nuevo componente, en muchas ocasiones no lo reconoce o no tiene el controlador necesario, sobre todo en el caso de *XP*, ya que *Vista* es mucho más eficiente descargándolos de Internet. Desde luego, esta función no sirve de nada si ni siquiera tenemos acceso a Internet.

Sin embargo, se supone que hemos tenido cuidado y conseguido una copia de los controladores, así que ha llegado el momento de instalarlos para que el sistema funcione correctamente.

El **Administrador de dispositivos** es el centro de configuración de hardware, al que podemos acceder desde la pestaña *Hardware* que aparece al hacer *botón derecho-Propiedades* sobre *Mi PC* (en *Vista* sería *botón derecho-Propiedades* sobre *Equipo* y después pinchar sobre *Administrador de dispositivos* en la columna de la izquierda) o a través de *Sistema*, que encontraremos en el *Panel de Control*.

El sistema identifica los **componentes** que no funcionan bien mediante una exclamación amarilla, marcando los que no funcionan en absoluto con un aspa roja, y los que detecta, pero para los que no tiene un controlador, mediante una interrogación amarilla, que aparecerá en la sub-categoría *Dispositivo Desconocido*. En la mayor parte de los casos basta con instalar el controlador correcto para corregir el problema.

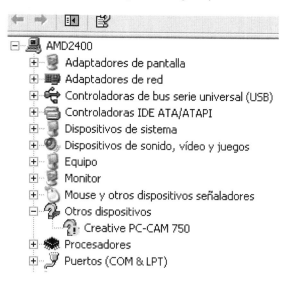

La intención de Microsoft era verificar la estabilidad de los *drivers* de los productos que aparecen en el mercado, firmándolos digitalmente y publicándolos en **Windows Update**, con lo que el sistema operativo los descargaría automáticamente. El verdadero resultado es que Microsoft no tiene tiempo de verificar y firmar todos los controladores, por lo que la mayor parte de las veces no están disponibles en *Windows Update*.

Para colmo, cuando conseguimos los controladores se puede producir un aviso bastante intimidante al intentar instalarlos, ya que no están firmados, aviso que deberemos ignorar para realizar la instalación. También dentro de la pestaña *Hardware* (en *botón derecho-Propiedades* sobre el icono *Mi PC* o en *Panel de control-Sistema*), disponemos de dos botones desde los que podemos deshabilitar tanto la verificación de firma como el asistente de descarga de controladores de *Windows Update*.

Recuerde que *Windows Update* funciona mucho mejor en *Vista* que en *XP*, y sepa también que las **versiones de 64 bits** de *Vista* sólo aceptan controladores firmados.

Un caso especial son los **controladores de la tarjeta gráfica**, ya que Windows instala unos genéricos para poder trabajar, por lo que no aparecerá la interrogación amarilla en el *Administrador de dispositivos*, pero el rendimiento será muy bajo. Por eso, siempre que reinstalemos un equipo deberemos abrir la opción *Adaptadores de pantalla* del *Administrador*, si al final del nombre del controlador aparece Microsoft Corporation entre paréntesis, se tratará de un genérico y deberemos instalar en su lugar el controlador del fabricante.

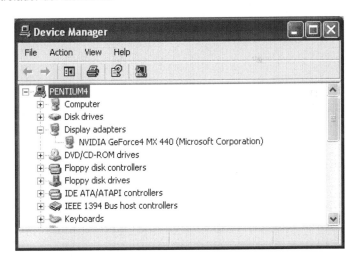

Los **periféricos USB** son otro caso especial, ya que no sólo pueden ser conectados en caliente sino que es mejor hacerlo así, instalando previamente el controlador. No es raro que pinchemos un dispositivo USB y al ver que Windows no lo reconoce intentemos instalar el controlador sin éxito, ya que ha quedado bloqueado.

La **solución** a este problema sería usar el programa de instalación y cuando solicite pinchar el dispositivo conectarlo en un puerto distinto, para que sea detectado como nuevo hardware y se configure correctamente. También podemos borrar la interrogación amarilla que aparece en el *Administrador de dispositivos* (pulsando *botón derecho-Desinstalar*), soltarlo y empezar la instalación correctamente.

Una vez agregados los controladores sólo nos quedará instalar los programas que vayamos a utilizar, configurándolos correctamente, y puede que incluso restaurando una copia de seguridad previa, que probablemente habremos realizado previamente mediante *Fab's AutoBackup*.

Capítulo 4

CONFIGURACIÓN DE WINDOWS

La configuración por defecto de Windows está muy orientada al impacto visual, y esto ralentiza el sistema. El interfaz de Windows es muy seguro, solicitando confirmaciones a cada paso, que con el tiempo se vuelven muy molestas.

Necesitamos superar la barrera de la sencillez, configurando el entorno en formas que mejorarán su rendimiento y estabilidad.

4.1 AJUSTES BÁSICOS

Empezaremos eliminando ciertos procesos automáticos:

- **Botón derecho-Propiedades sobre la Papelera:** los archivos borrados se envían a la *Papelera de reciclaje*, de donde podemos recuperarlos, pero además se nos solicita una confirmación. Esta redundancia resulta molesta, y por eso conviene desactivar *Mostrar cuadro de diálogo para confirmar eliminación*, sabiendo que continuará avisándonos cuando borramos un archivo demasiado grande para que entre en la *Papelera*.

- **Botón derecho-Propiedades sobre el Escritorio:** los salvapantallas eran imprescindibles en los primeros monitores, ya que una imagen estática tendía a quemar los fósforos del mismo, dejando molestas impresiones permanentes, pero en la actualidad sólo son útiles a nivel estético. Si resulta molesto tener que esperar la reactivación de la pantalla, podemos desactivarlo en la pestaña *propiedades del Escritorio* (*XP*) o en *Protector de Pantalla* (*Vista* y *Windows 7*). Dentro de esta ventana también hay un enlace de acceso a la *Configuración de energía*, donde podemos desactivar el *Apagado automático del monitor* si preferimos apagarlo y encenderlo manualmente.

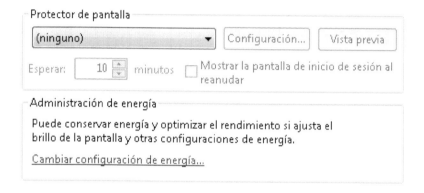

- **Resolución:** ya que hemos accedido a las *Propiedades de Pantalla*, es un buen momento para comprobar la resolución de la misma, en la opción *Configuración*. Denominamos resolución al número de puntos horizontales y verticales que contiene la pantalla, teniendo cada monitor un valor ideal, típicamente 1024x768 en los antiguos, 1280x1024 para los planos de 17", y valores especiales para los panorámicos, como 1280x768. Si creemos que la imagen es borrosa o su tamaño inadecuado, deberemos consultar la resolución nativa del monitor, por ejemplo buscando el modelo en Internet, y comprobar si Windows está configurado correctamente al mismo. Por cierto, la *profundidad de color* (número de posibles colores por punto) debería ser siempre de 32 bits.

- **Panel de Control-Centro de seguridad:** desde *XP* con *Service Pack 2, Windows* incluye el *Centro de seguridad*, que se encarga de comprobar si tenemos activado el *servicio de actualizaciones automáticas* y el *cortafuegos*, así como la instalación de un *antivirus*, notificándonoslo en caso contrario. Si decidimos que no queremos utilizar alguno de estos servicios, tendremos que cargar con un icono de aviso en el área de notificación (al final de la barra de tareas), a menos que lo desactivemos haciendo doble clic sobre él, eligiendo a continuación la opción *Cambiar la forma en la que el Centro de seguridad me alerta*, ubicada en la esquina inferior izquierda de la ventana que se abre.

- **Botón derecho sobre la Barra de tareas/barra de herramientas:** permite activar y desactivar múltiples barras de herramientas, como *Inicio rápido*, que contiene un conjunto de accesos directos activables mediante un solo clic. En *XP* será necesario desbloquear las barras para modificar su ubicación, pulsando con el botón derecho sobre ellas, y eligiendo la opción correspondiente; una vez elegida su nueva posición podemos volver a bloquearlas, lo que resulta más estético y evita modificaciones involuntarias. También podemos desactivar la agrupación de elementos similares (por ejemplo, múltiples instancias del navegador) y activar la ocultación de iconos inactivos, personalizando los que queremos que desaparezcan del *Área de notificación* (*Systray*).

- **Gestión de energía:** suspender un equipo disminuye el tiempo de apagado y encendido, pero sigue consumiendo energía de forma reducida. En su momento ya estudiamos las *Opciones de energía*, pero merece la pena recordar que podemos acceder a ellas abriendo *Panel de Control-Opciones de energía*, presionando *Cambiar la configuración del plan* en el plan de energía activo, y seleccionando *Cambiar la configuración avanzada de energía*.

4.2 PERSONALIZACIÓN DEL MENÚ INICIO

Los **accesos directos** representan una llamada a un archivo que se encuentra ubicado en otro lugar, y su eliminación no afectará para nada al funcionamiento del programa. En caso de que borremos un acceso y después descubramos que lo necesitamos, podemos volver a crearlo localizando el ejecutable (generalmente dentro de *Archivos de programa*) y arrastrando el icono origen con el botón derecho hasta la carpeta destino, eligiendo *Crear acceso directo* en el menú emergente que aparece al soltarlo.

Cuando instalamos un programa suele agregarse un acceso en los **Programas del menú Inicio**, muchas veces dentro de una subcarpeta que también contiene accesos a otras funciones como ayuda, registro o desinstalación. Se trata de un acceso muy cómodo, pero a medida que vamos instalando aplicaciones la carpeta *Programas* se llena de carpetas e iconos, hasta que resulta prácticamente inútil.

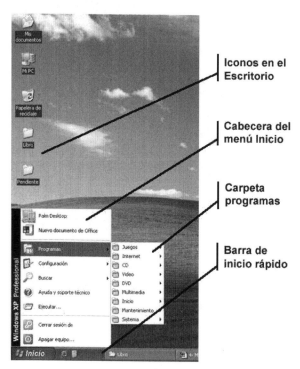

Para hacer que *Programas* sea un poco más cómodo de manejar podemos sacar al *Escritorio* los iconos útiles, organizándolos en carpetas, y utilizar *botón derecho-Eliminar* sobre los elementos de *Programas* que no queramos conservar; no sólo **eliminaremos accesos** directos a elementos que no utilizamos, como desinstaladores o archivos de ayuda, sino también iconos asociados a reproductores y editores predeterminados, ya que se ejecutarán al hacer doble clic sobre el icono correspondiente.

Una vez terminada la limpieza y organizados los iconos restantes, devolviéndolos a *Programas*, excepto los más utilizados, que podemos situar en la *Barra de inicio rápido* o la *cabecera del menú Inicio*. Por cierto, no debemos borrar la **subcarpeta Inicio** dentro de *Programas*, ya que es una carpeta de sistema que ejecuta los accesos directos que contiene durante el arranque de Windows.

Microsoft es consciente de que muchos usuarios nunca realizan una limpieza, y por eso se opta por crear un **nuevo menú Inicio** para *XP*, manteniendo la opción de usar el Inicio clásico en *XP* y *Vista*, pero eliminándola en *Windows 7*. En el nuevo menú tenemos una presentación frontal en la que aparecen los últimos programas utilizados, junto a la línea *Todos los programas*, que nos manda a un equivalente del *Menú Inicio* clásico sobre el que podemos realizar la limpieza antes mencionada.

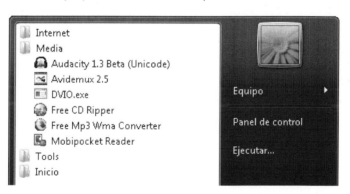

Además, mediante *botón derecho-Propiedades* sobre el *icono de Inicio*, podemos acceder a múltiples **opciones de configuración** que determinarán qué elementos aparecerán en él (por ejemplo activando la opción *Ejecutar*, que se echaba de menos en el *nuevo menú*), o estableciendo que los iconos de la portada serán administrados manualmente, en lugar de mostrar los últimos utilizados. También podemos personalizar estos iconos arrastrando accesos directos, y Windows 7 permite pulsar con el botón derecho y seleccionar *Anclar a Menú Inicio*.

4.3 USO DE VISTA Y WINDOWS 7

XP ha sido un estándar durante muchos años, hasta el punto que resulta difícil acostumbrarse a algunos de los cambios introducidos en los nuevos sistemas operativos:

- **Control de Cuentas de Usuario:** se trata de uno de los elementos más denostados de *Vista*. En teoría aumenta la seguridad solicitando que el usuario confirme ciertas opciones mediante la pulsación del ratón, pero en la práctica resulta tan molesto que casi todo el mundo acaba deshabilitándolo. Para ello escribiremos *msconfig* en *Inicio-Ejecutar*, activando así la herramienta de configuración del sistema, seleccionando a continuación la pestaña *Herramientas*, localizando la opción *Deshabilitar UAC* y pulsando *Iniciar*. Por último, reiniciaremos, con lo que se aplicarán los cambios y desaparecerán las molestas preguntas del sistema.

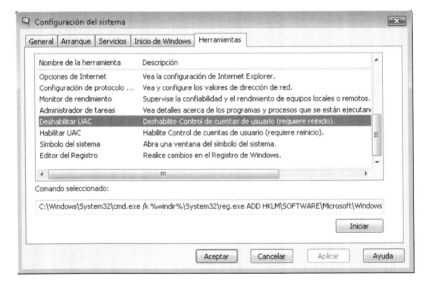

- **Rutas de acceso a configuraciones:** por algún motivo muchas de las rutas de acceso de se han vuelto más complejas, requiriendo pasos intermedios que a veces se encuentran en la ventana principal y a veces en los enlaces de la columna de la izquierda. Por ejemplo, para acceder a las *Propiedades del sistema* de *XP* basta con pulsar *botón derecho-Propiedades* sobre *Mi PC*, mientras que en *Vista* y *Windows 7* tendremos que pulsar *botón*

derecho-Propiedades sobre *Equipo*, y después localizar el enlace de *Configuración avanzada del sistema* en la columna de la izquierda.

- **Windows Sidebar:** se trata de una excelente aplicación de *Vista* si nos gusta descargar e instalar *widgets* en el escritorio... y un inútil consumo de recursos en caso contrario. Podemos desactivar *Windows Sidebar* presionando *botón derecho-Propiedades* sobre su icono en el área *de notificación*, y desactivando *Iniciar Windows Sidebar cuando Windows se inicie*. Si nos arrepentimos, podemos volver a activarla en *Inicio-Programas-Accesorios*. Esta opción ha sido eliminada de *Windows 7*, que permite la carga directa de *widgets* en cualquier lugar del escritorio.

- **Nuevo Explorador:** aparte de la aparente desaparición de la barra de direcciones (pero que aparece si pulsamos en el icono de carpeta de la esquina superior derecha), podemos destacar un gran cambio, la barra de búsqueda de la esquina superior derecha, que facilita en gran medida la localización de archivos.

- **Media Center:** presente únicamente en las versiones *Premium* y *Ultimate*, el nuevo *Media Center* actúa como reproductor optimizado para pantallas de televisión, a la vez que combina funciones ampliadas de grabación de CD y biblioteca, lo que le convierte en un auténtico centro multimedia.

- **Nuevas funciones de entorno:** *Vista* ha actualizado el clásico *Alt+Tab* (lista las aplicaciones abiertas, permitiéndonos elegir cual queremos que pase a primer plano), convirtiéndolo en *Flip* al añadir una vista en miniatura, facilitando así la selección; además, pulsando la *tecla Windows* y *Tab* utilizaremos *Flip 3D* (si está habilitado), que cumplirá la misma función pero mostrando las ventanas abiertas en forma tridimensional. *Windows 7* añade a su vez funciones, como sacudir una ventana con el ratón (o el dedo en la pantalla táctil) para hacer que todas las demás se minimicen, o una nueva barra de tareas en la que podemos anclar aplicaciones o visualizar miniaturas de las ventanas abiertas.

4.4 RENDIMIENTO

Opciones avanzadas es la pestaña más importante para el rendimiento del equipo, y podemos acceder a ella a través del *Panel de Control*, ya sea pulsando *botón derecho-Propiedades* sobre *Mi PC* (*Windows 2000* y *XP*), o *botón derecho-Propiedades* sobre *Equipo* y seleccionando a continuación el enlace *Configuración avanzada del Sistema* (*Vista* y *Windows 7*), que se encuentra en la esquina superior derecha de la ventana que hemos abierto.

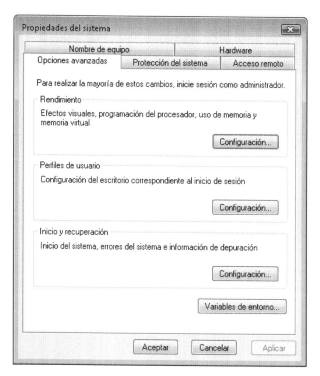

Una vez en *Opciones avanzadas* pulsaremos el botón *Configuración* de la opción **Rendimiento**, accediendo a la pestaña *Efectos Visuales* y activando en ella *Ajustar para obtener el mejor rendimiento*, con lo que desactivaremos la mayoría de las mejoras visuales que consumen recursos del sistema.

El mayor problema de esta maniobra es que el aspecto cambia radicalmente, por lo que una vez desactivado todo es conveniente seleccionar **Personalizar**, reactivando *Usar estilos visuales en ventanas y botones* y *Usar sombras en los nombres* (casi al final de la lista), que restauran el aspecto original sin afectar demasiado al rendimiento final del equipo. En *Vista* y *Windows 7* también es interesante reactivar *Mostrar vistas en miniatura en lugar de iconos*.

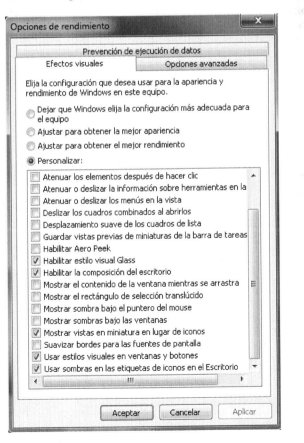

Dentro de *Opciones avanzadas* también es interesante acceder a *Inicio y recuperación* y desactivar **Reiniciar automáticamente**, ya que esta opción puede causar muchos problemas, reiniciando Windows cuando se produce un cuelgue sin darnos tiempo a comprobar quién es el causante. Y ya de paso que estamos aquí podemos utilizar el desplegable para desactivar el *volcado de memoria*, que normalmente sólo sirve para que tengamos que perder unos minutos mientras esperamos a que se reactive el ordenador.

Capítulo 5

SOFTWARE DE BASE
....

Windows aporta multitud de aplicaciones y funciones, pero no cubre todas las necesidades básicas de sus usuarios, por lo que deberemos instalar algunos programas que se ocupen de ellas.

5.1 RUNTIMES Y REPRODUCTORES

Entre las carencias más llamativas, podemos destacar los programas que se niegan a funcionar, y los archivos multimedia que no podemos reproducir. En el primer caso el problema suele deberse a la ausencia de una o más **librerías de vínculo dinámico**, también llamadas DLL (o OCX, en el caso de los *controles de vínculos dinámicos*).

Se trata de fragmentos de programa que se utilizan para no tener que escribir una y otra vez el mismo código; por ejemplo, *Win32.dll* se encarga de proporcionar acceso a los recursos de Windows, como el uso de ventanas y la gestión de archivos, a través de la **API de Windows** (también llamada *interface de programación de aplicaciones*).

Las DLL suelen guardarse en algún lugar común, como la carpeta *C:\Windows\System32*, que es uno de los directorios de sistema asignados para esta función. La ventaja de este método es que los elementos de código comunes no ocupan espacio extra en el disco, ya que son compartidos por todos los programas que los usan.

La tónica general en Windows es incluir las librerías necesarias junto a cada programa de instalación, pero algunos desarrolladores se saltan las librerías más utilizadas, o las que sufren limitaciones de *copyright*; si intentamos utilizar el programa y **la librería no está presente**, aparecerá un error, por ejemplo *Incorrecto o falta mscomctl.ocx*.

En este caso, lo normal es buscar y descargar la librería, por ejemplo mediante *Google* (www.google.es), copiándola a continuación a la carpeta del programa, o a *C:\Windows* si queremos que esté disponible para todos los programas. Otra opción es instalar uno de los muchos **paquetes recopilatorios de librerías comunes** disponibles, como *LibraryFiles* (www.ascentive.com/support/new/libraryfiles.exe), reduciendo así en gran medida las búsquedas manuales.

Antes mencionábamos la API de Windows, pero no todas las aplicaciones están hechas para utilizarla; algunas necesitan que instalemos **entornos de ejecución**, popularmente llamados *Runtimes*, que actuarán como puente entre el programa y las funciones de Windows. Suelen funcionar automáticamente, así que bastará con descargarlos e instalarlos:

- *Máquina virtual Java (J2RE,* www.sun.com*):* proporciona soporte para programas *Java*, utilizados ampliamente en Internet, sobre todo a través de los navegadores. Es prácticamente imprescindible y no acompaña a Windows por problemas de *copyright*.

- *NET Frameworks:* también llamado *dotnetfix*, proporciona soporte para programas basados en el entorno *.NET*; es muy popular por lo sencillo que resulta crear aplicaciones para Windows. *Vista* incluye la versión *NET 3.0*, actualizándola automáticamente, pero *XP* necesita que las descarguemos manualmente desde la sección de descargas de www.microsoft.com.

- *GTK+ (*www.gtk.org*):* soporte de código abierto para el desarrollo de aplicaciones, de forma similar a como actúa la API de Windows, y utilizado ampliamente por programas con licencia GNU, entre ellos la alternativa de código abierto al famoso *Photoshop*, el editor gráfico *Gimp*.

- **DirectX:** actúa como enlace al *hardware* y su instalación es imprescindible para muchos programas multimedia, especialmente los juegos, que necesitan las versiones de *DirectX* más actualizadas. *Vista* y *Windows 7* incluyen la versión *DirectX 10*, actualizándolo automáticamente si es necesario. XP incluye la versión *9*, y en teoría no está preparado para trabajar con *DirectX 10*, aunque hay algunos parches extraoficiales rondando por Internet.

Por último, también podemos tener problemas a la hora de visualizar ciertos archivos, normalmente porque Microsoft no puede agregar un reproductor por motivos de *copyright*, siendo conveniente instalar los reproductores de antemano:

- **Adobe Reader** (www.adobe.es)*:* se trata de un visualizador de archivos en formato PDF, muy utilizados a la hora de compartir documentos para su visualización e impresión, hasta el punto que cada vez más programas incluyen la opción de volcar sus contenidos en este formato, entre ellos *Microsoft Office*.

- **Autodesk Design Reviewer** (www.autodesk.com)**:** aunque los archivos de *AutoCAD* no están tan extendidos como los PDF, cada vez más profesionales del mundo del diseño y la arquitectura los utilizan, entregando copias a usuarios que nunca han visto este programa; por eso *Autodesk* ha liberado un visualizador gratuito con funciones avanzadas, como comparación 3D y el añadido de marcas.

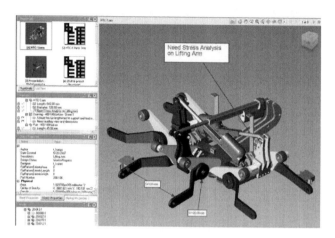

- **K-Lite Mega códec Pack** *(*www.free-codec.com*)*: permite la visualización de la práctica totalidad de formatos multimedia existentes, ya sea audio o vídeo, instalando un paquete de *códec* (codificador / decodificador), así como el reproductor *Media Player Classic*, que aporta soporte para formatos propietarios como *Quicktime* y *RealMedia*.

- **Quicktime** (www.apple.com): aunque es cierto que el pack anterior nos aporta la capacidad de visualizar vídeos *Quicktime* (MOV), también lo es que no disfrutaremos de muchas de sus opciones, como *streaming* o la visita de entornos 3D, por lo que también deberíamos instalar este reproductor.

5.2 COMPRESIÓN Y EMPAQUETAMIENTO

La compresión es algo habitual en la informática; una canción típica puede pesar 100MB, pero normalmente vendrá algún formato (MP3, AAC, etc.) que la comprimirá, llegando a reducir su tamaño 10 o 20 veces. Lo mismo ocurre con otros **elementos multimedia**, como fotos y películas. Normalmente no seremos conscientes del proceso, ya el sistema realizará la descompresión en tiempo real, de forma transparente para el usuario.

Sin embargo, los archivos multimedia no son los únicos que comprimimos; la gran mayoría de los programas y documentos en Internet vienen comprimidos de una forma u otra, siendo necesario descomprimirlos previamente para utilizarlos.

Desde *Windows XP* es posible abrir los **archivos comprimidos en formato ZIP** (aparecen como una carpeta con cremallera), pero no ocurre lo mismo con otros formatos populares, como *WinRAR* (http://winrar.com.es), viéndonos obligados a instalar un compresor.

IZArc (www.izarc.org) es un programa gratuito capaz de descomprimir más de cuarenta formatos, que por supuesto incluyen ZIP y RAR. Para **descomprimir un archivo** bastará con pulsar con el botón derecho sobre él, seleccionando en el menú emergente *IZArc-Extraer aquí*.

El uso de un único descompresor es muy cómodo, pero debemos saber que muchos formatos pasan por frecuentes actualizaciones, en particular los comerciales como RAR y ACE, y éstas hacen que sean temporalmente **incompatibles** con versiones anteriores. Esto quiere decir que sus usuarios deberán actualizarlos periódicamente, pero también que los programas genéricos pueden ser incapaces de abrir los archivos comprimidos con las últimas versiones, ofreciendo un mensaje de error o mostrando un archivo vacío.

En este caso deberemos esperar hasta que aparezca una actualización de *IZArc* que sea capaz de acceder a los nuevos contenidos, o descargar un **descompresor gratuito** de la página del compresor conflictivo, como *XAce Plus* (www.winace.com), que suele estar bastante actualizado.

Además de la extracción simple, **IZArc** ofrece otras funciones:

- **Compresión en formato ZIP:** dado que ZIP es el estándar, lo ideal será utilizarlo para comprimir archivos que vayamos a enviar a otros usuarios. Para comprimir una carpeta o archivo haremos clic con el botón derecho sobre él, eligiendo a continuación la opción *IZArc-Añadir a <archivo>.zip* del menú emergente.

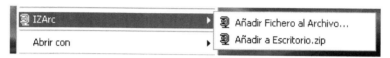

- **Empaquetamiento:** ésta sí que es una función útil, sobre todo con vista a Internet, ya que podemos agrupar múltiples archivos en una única descarga: imagínese la diferencia entre adjuntar un único archivo con 20 fotos, o adjuntar 20 archivos de imagen. Además, y por motivos de seguridad, muchos servicios de correo no permiten enviar archivos ejecutables (por ejemplo, instaladores de programas), siendo necesario empaquetarlos con un compresor antes de adjuntarlos. Para empaquetar un conjunto de archivos podemos comprimirlos dentro de una carpeta, o simplemente seleccionarlos (por ejemplo pulsando *CTRL* mientras hacemos clic sobre ellos), para a continuación pulsar botón derecho sobre uno de ellos y acceder al menú emergente de compresión.

- **Integridad:** se diga lo que se diga, los ordenadores no son exactos, y los datos almacenados en ellos pueden sufrir daños con el tiempo. Los archivos comprimidos incluyen una verificación de integridad, mostrando en el momento de la extracción un error de *CRC* si se han visto alterados. En este caso deberemos hacer doble clic sobre el archivo, seleccionando *Herramientas-Reparar archivo* para intentar recuperarlo.

- **División en volúmenes:** Otra ventaja de los compresores es que sus archivos se pueden dividir en paquetes de un tamaño dado; esto nos permite ajustar el tamaño de un archivo o conjunto de archivos a un conjunto de CD, DVD, o al máximo que puede adjuntarse a través de nuestra cuenta de correo electrónico. Para dividir un archivo *ZIP* en volúmenes haremos doble clic sobre él, seleccionando *Herramientas-Crear archivo multi-volumen* en el menú de *IZArc*. La extracción funciona de la misma manera que en un archivo convencional, siempre que tengamos a mano todas las porciones que lo componen, preferiblemente en la misma carpeta.

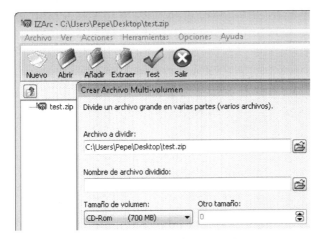

- **Codificación:** una forma sencilla de defender nuestros archivos es protegerlos con contraseña, de forma que éste no puede ser abierto sin ella. Para comprimir y proteger un archivo pulsaremos con el botón derecho del ratón sobre él, seleccionando *IZArc-Agregar al archivo...* lo que mostrará el menú emergente de opciones donde elegiremos un sistema de codificación (por ejemplo, AES 128 bits) y estableceremos una contraseña, que debería tener un mínimo de 8 caracteres.

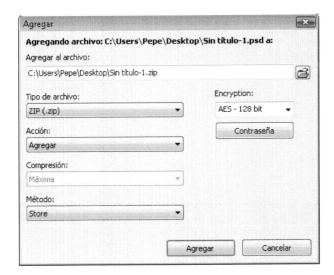

Como podemos ver en la imagen anterior, *IZArc* dispone de muchas más opciones que las que hemos visto, entre ellas el uso de formatos distintos a *ZIP*, cada uno con sus ventajas e inconvenientes, o cómo realizar un **empaquetamiento sin compresión**, activando el método *Store* (almacenar) lo que acelera el proceso. Pero lo que hemos estudiado debería ser suficiente para arreglarnos, al menos respecto a *IZArc*, ya que todavía nos falta una pequeña vuelta de tuerca.

La verdad es que la división en volúmenes no es el modo más eficiente de partir un archivo, y por eso es normal que encontremos en Internet fragmentos que han sido generados mediante **programas de corte**, principalmente *Hacha* (www.hacha.org) y *HJSplit* (www.freebyte.com).

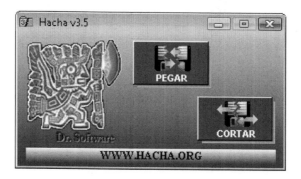

Su **funcionamiento** es muy simple; después de presionar *Cortar* (o *Cut*, en el caso de *HJSplit*) seleccionaremos el archivo a dividir y estableceremos el tamaño de los pedazos, obteniendo rápidamente los segmentos correspondientes, que tendrán extensiones numeradas del *0* en adelante (*001* para *HJSplit*); y por supuesto, si bajamos una serie de fragmentos de un sitio web cuyas extensiones sólo muestran números, ya sabremos que deberemos utilizar la opción *Pegar* (*Join* en *HJSplit*) para unirlos de nuevo.

5.3 ANTIVIRUS

La tarea de un antivirus es muy compleja. Suelen basarse en una base de datos que contiene fragmentos característicos de virus conocidos, llamados **firmas**. Esta es la causa de que nunca debamos instalar dos antivirus simultáneamente en un equipo, ya que pueden aparecer conflictos graves al detectar sus bases de firmas de forma cruzada.

Cuando aparece un nuevo virus, los analistas deben identificarlo, localizar su firma y agregarla a las distintas bases de datos para que el antivirus sea efectivo, así como añadir un mecanismo para eliminarlo de un equipo infectado, denominándose **hora cero** al período entre la aparición de un virus y el tiempo que tardan los desarrolladores de antivirus en detectarlo e incorporarlo a sus programas. Para reducir el riesgo los antivirus incorporan mecanismos de detección inteligentes (heurísticos), basados en el comportamiento de los posibles agresores, aunque a su vez esto propicia la aparición de **falsos positivos**, que a veces nos hacen eliminar archivos inocentes.

Uno de los mayores problemas de los antivirus es el **consumo de recursos**, llegando a ser tremendamente intrusivos en el caso de los más seguros, aunque los programadores cada vez son más conscientes de este problema y tanto *Symantec* (www.symantec.es) como *Panda Software* (www.pandasoftware.es) han mejorado mucho en ese sentido, acercándose a grandes antivirus de alto rendimiento, como *Nod32* (www.eset.com), a la vez que continúan ofreciendo una cobertura prácticamente invulnerable.

Sin embargo, ese nivel de protección hay que pagarlo, no sólo al comprar la aplicación sino periódicamente (la licencia típica suele durar un año), con lo que muchos usuarios acaban con un **antivirus caducado**, que ya no se actualiza, y que básicamente sólo sirve para consumir recursos y dar una falsa sensación de seguridad, por lo que no es extraño que en muchos casos resulte más eficiente recurrir a un antivirus gratuito, como *Avast!* (www.avast.com), sabiendo que si se cuela algún virus tendremos buenas posibilidades de eliminarlo mediante *Autoruns*, tal y como vimos en el *capítulo 1.*

A continuación vamos a estudiar cómo configurar *Avast!* Lo primero que debemos hacer, una vez instalado, es permitirle que reinicie y realice un estudio exhaustivo del sistema en el arranque. Una vez terminado (y tarda un buen rato), deberemos acceder a la página web y conseguir nuestro **código de licencia**. Si, ha oído bien; debemos registrarnos para utilizar el programa aunque sea gratuito, y deberemos renovar la licencia anualmente, también de forma gratuita.

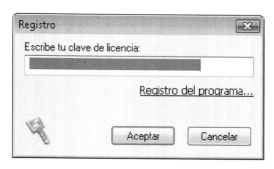

Una vez introducido el código pulsaremos con el botón derecho sobre el icono de *Avast!* que aparece en el área de notificación (si hemos cerrado la ventana de registro, estará dentro de este menú emergente, en *Acerca de*) y ajustaremos algunas opciones.

- **Configuración del programa:** dentro de este menú no tendremos que hacer gran cosa, excepto quizás ir a la opción *Sonidos* y desactivarlos. Por defecto la base de datos se actualiza una vez al día, que está bien si nuestro entorno no exige un nivel extremo de seguridad. En el caso de que utilicemos una conexión telefónica o de bajo ancho de banda podemos acceder al menú *Actualizar* y desactivar en él la actualización automática, para así descargar manualmente la nueva base de datos una vez a la semana.

- **Control de la protección por acceso:** desde aquí podemos gestionar los distintos módulos que componen el sistema de escaneo. Las opciones personalizadas pueden resultar un poco complejas, pero podemos limitarnos a dejar los módulos en el nivel normal (los elementos nocivos se bloquean durante el intento de ejecución) y desactivar los que no necesitamos mediante el botón *Terminar*. Si hemos seguido los consejos anteriores (sobre todo respecto al uso de navegadores y clientes de correo seguros), podremos quitar todos los módulos excepto la *Protección estándar* y el *Escudo de red*, e incluso este último no es imprescindible.

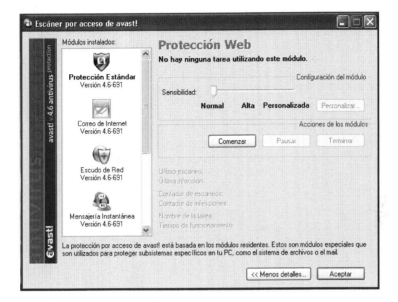

- **Establecer/Modificar contraseña:** protege *Avast!* con una contraseña, bloqueando cambios de configuración y otros accesos no autorizados por parte de usuarios o programas nocivos. Se trata de una opción conveniente, ya que disminuye el riesgo de infección del antivirus, pero no es imprescindible.

- **BDRV:** crea una base de datos de la estructura de archivos para facilitar la detección de modificaciones no autorizadas y la reparación de archivos infectados. Por defecto se muestra como un icono aparte (una esfera azul con una *i* minúscula), pero podemos eliminarlo pulsando *botón derecho-Integrar con el icono principal de Avast!*. Según la capacidad de nuestro ordenador elegiremos generar la BDRV cuando el PC esté inactivo, cuando esté funcionando el protector de pantalla o desactivarla por completo, ya que requiere un fuerte acceso al disco duro.

En ocasiones el antivirus no puede limpiar un archivo infectado porque no dispone de la rutina correctora necesaria. Si el archivo no es importante podremos dejar que el antivirus lo elimine, pero lo mejor será que lo "saque de la circulación" enviándolo a un espacio llamado **Vault**. Muchos antivirus están configurados para eliminar los archivos que han sido apartados cuando pasa un cierto tiempo, así que tendremos que tener cuidado de no perder nada importante.

Un caso particular es cuando el antivirus indica que ha encontrado un virus dentro de la carpeta **System Volume Information** pero no puede eliminarlo. Esto se debe a que es donde el servicio *Restauración de sistema* hace copias de seguridad periódicas del disco, guardándolas de forma protegida. Si la copia de seguridad tiene algún archivo contaminado, éste será inaccesible para el antivirus, que puede detectarlo pero no eliminarlo, y corremos el riesgo de infectarnos al restaurar el equipo a un estado anterior.

La solución a este problema es **desactivar Restaurar sistema** en la pestaña del mismo nombre que aparece en las propiedades de *Mi PC* (o en *Panel de Control-Sistema*), lo que eliminará los archivos al aplicar los cambios, con lo que podremos volver a activar el servicio de restauración, aunque perderemos todos los estados anteriores.

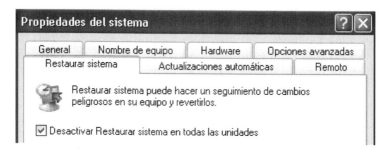

Los **antivirus residentes**, es decir, aquellos que están instalados en el ordenador, son muy cómodos porque comprueban continuamente los archivos que pasan por nuestro equipo. Sin embargo tienen un gran problema, y es que algunos virus pueden infectarlos, deshabilitando su función protectora, pero manteniéndolos abiertos en apariencia, de forma que creemos estar protegidos.

Si tenemos dudas podemos recurrir a un **antivirus on-line** como *ActiveScan* (www.pandasoftware.es, icono del ordenador en la esquina inferior derecha de la página) y realizar un análisis complementario.

Análisis online gratuito

Limpia tu PC de virus y amenazas gratis y en pocos minutos.

🔘 **Antivirus ActiveScan**

Hay que tener en cuenta que este programa tiende a mostrar una enorme lista de amenazas detectadas, pero si comprobamos el **informe** (pulsando en un pequeño icono de documento de texto), veremos que en su mayoría serán cookies y otros archivos inofensivos. Si aparece alguna amenaza grave sería destacada como tal, pudiendo registrarnos en línea de forma gratuita, con lo que procederíamos a la limpieza del virus.

Dado que no pueden ser infectados, los virus suelen protegerse contra los antivirus on-line bloqueando su ejecución; así que, **si el navegador se cierra sólo** cada vez que intentamos abrir la página de un antivirus, será una gran pista de que algo anda mal, y deberíamos reiniciar en *modo seguro con funciones de red*, ejecutar *Autoruns*, y hacer una buena limpieza.

5.4 OTRAS APLICACIONES

Nos hemos limitado a estudiar los programas "imprescindibles", pero eso no quiere decir que no haya muchas más aplicaciones interesantes, entre las que se cuentan:

- *Grabación de CD/DVD:* podemos usar el soporte de grabación de Windows, simplemente arrastrando los archivos sobre el icono de la grabadora y pulsando *botón derecho-Grabar en disco* sobre ella cuando hayamos terminado, pero los fabricantes de ordenadores suelen incluir versiones preinstaladas de programas de grabación más cómodos y que ofrecen más prestaciones, como *WinOnCD* (www.roxio.com) o *Nero Burning ROM* (www.nero.com),

- *Ofimática:* Microsoft Office (www.microsoft.com) es la suite ofimática más extendida, en fuerte competencia con la versión freeware *OpenOffice* (http://es.openoffice.org). Deberíamos saber que si estamos utilizando alguna versión antigua de *Office* no podremos abrir los nuevos archivos de *Office 2007* (como *.docx*), hasta que descarguemos e instalemos el pack de compatibilidad disponible en la web de *Microsoft*.

- **Retoque fotográfico:** *Gimp* (www.gimp.org) es el editor gratuito por excelencia, con capacidades muy similares a las del omnipresente *Photoshop* (www.adobe.es), referencia de todos los programas de retoque.

- **Audio:** podemos convertir audio a distintos formatos (incluyendo la extracción de audio de CD) mediante *Free Converter* (www.koyotesoft.com), o normalizar el nivel de volumen de nuestra colección mediante *MP3Gain* (http://replaygain.hydrogenaudio.org), mientras que para trabajos más complejos necesitaremos un editor como *Audacity* (http://audacity.sourceforge.net).

- **Avidemux** (http://avidemux.org): se trata de un magnífico editor de vídeo, potente y totalmente gratuito. Si no queremos vernos obligados a trabajar en inglés, deberemos tener cuidado durante la instalación y activar la opción *Additional Lenguages*.

Un último consejo: mantenga bajo control los programas instalados, no sólo porque reducirá el consumo de espacio en el disco duro, sino porque evitará problemas debidos a interacciones entre ellos; y **nunca borre manualmente una carpeta de programa sin intentar desinstalarlo antes** desde *Panel de control-Agregar o quitar programas* (o *Panel de control-Programas y características*, en el caso de *Vista* y *Windows 7*).

Capítulo 6

INTERNET

El mundo ha cambiado radicalmente gracias a Internet, la red de redes; ahora es más pequeño, ya que permite la comunicación barata e instantánea de un lado a otro del planeta, y más grande, proporcionándonos una riqueza de información y opciones sin precedente.

6.1 GOOGLE

La información disponible en Internet no sería tan valiosa sin el (al menos por ahora) inimitable **buscador** *Google* (www.google.es), cuyos centenares de servidores pasan el tiempo localizándola, indexándola y poniéndola a nuestra disposición, simplemente introduciendo el **texto a localizar** en la barra de búsqueda.

Una vez realizada la búsqueda aparecerán múltiples enlaces a temas relacionados, **incluyendo la URL de cada uno de ellos**, lo que nos ayuda a decidir que enlaces son interesantes. Lo normal es mantener la búsqueda abriendo los enlaces más prometedores en otras ventanas o pestañas, por ejemplo manteniendo *CTRL* pulsado al hacer clic sobre ellos.

Internet Super Oferta
  ./web_Oficial   12Mb Reales GRATIS Primeros 4 Meses Alta C

Internet - Wikipedia, la enciclopedia libre
Internet es un conjunto descentralizado de redes de comunicación int‹
utilizan la familia de protocolos TCP/IP, garantizando que las redes ...
Historia - Internet y sociedad - Censura - Tecnología de Internet
es.wikipedia.org/wiki/**Internet** - En caché - Similares

Si los primeros elementos de la búsqueda aparecen sobre fondo amarillo, serán **enlaces patrocinados**, que normalmente ignoraremos, aunque si estamos buscando un fabricante o empresa, pueden ser justo lo que necesitamos.

Una búsqueda simple en *Google* suele proporcionar cientos de miles de resultados. Para afinar el proceso podemos utilizar algunos métodos que son más o menos comunes a todos los navegadores.

- *Texto entre comillas:* es una de las fórmulas más usadas. Por defecto, *Google* busca documentos que contengan todas las palabras que escribimos, sea cual sea el orden en el que están escritas. En cambio si escribimos el texto entre comillas, las palabras deberán estar presentes exactamente en ese orden. Podemos utilizar comodines (*****) para establecer la existencia de palabras no diferenciadas dentro de una frase: *"suma * laude"*.

- *Elementos superfluos: Google* no distingue entre ñ y *n* o mayúsculas y minúsculas, e ignora símbolos especiales, como los acentos. También desprecia las palabras más comunes, como artículos, conjunciones o palabras como *http, com*, etc. Para incluirlas en la búsqueda usaremos como prefijo el signo más: *+leña*.

- *Exclusión:* se agrega un signo menos a una palabra (sin dejar espacio) para indicar que no debe aparecer en una búsqueda. Por ejemplo, *ferrari -rojo*.

- **Palabras clave:** *Google* dispone de muchas palabras clave, como *site:*, que se utiliza para indicar que queremos buscar contenidos únicamente dentro de un dominio en particular, como en *site:www.microsoft.com.* También son interesantes *allinurl:* (busca URL que contengan las palabras indicadas) o *link:* (buscan URL relacionadas con la URL especificada).

- **Traducciones:** en la página de *Preferencias* podemos activar la traducción automática de las descripciones y títulos de las páginas, aunque los resultados suelen dejar bastante que desear.

Filtros: además de la búsqueda en la Web, *Google* dispone de un menú en la zona superior de la ventana para localizar imágenes, trabajar sobre grupos de noticias, proporcionarnos un directorio temático de contenidos y mostrar las noticias más destacadas del día, por no decir una multitud de opciones extra que aparecen al pulsar el enlace *Más* (herramientas complementarias, correo, etc.).

Para búsquedas más complejas podemos pulsar sobre el menú **Búsqueda avanzada** (a la derecha del cuadro de texto en la página principal), lo que nos proporcionará un amplio menú de posibilidades.

Justo debajo de *Busqueda avanzada* está el enlace a *Preferencias* que, por ejemplo, nos permiten seleccionar nuestro idioma predeterminado, los idiomas en los que queremos que se realicen las búsquedas y el nivel de protección contra contenido adulto que queremos incorporar (*SafeSearch*).

Lamentablemente las configuraciones de preferencias se pierden al cambiar de equipo o al borrarse las *cookies* que almacenan la configuración elegida (*Firefox* las borra de forma periódica), y lo mismo ocurre si decidimos crear una **página personalizada** *iGoogle* (esquina superior derecha).

La solución será crear una **cuenta gratuita** *Google*, que quedará asociada de forma permanente a nuestras configuraciones, y además nos dará acceso al resto de servicios de *Google*, como correo electrónico y blogs. Para crear la cuenta pulsaremos *Acceder* en la esquina superior derecha del buscador, buscaremos el enlace *Crear una cuenta ahora* y seleccionaremos una combinación de nombre de usuario y contraseña.

Una fase necesaria de la verificación implica leer un texto muy distorsionado. Esto resulta muy incómodo y muchas veces hay que probar y probar hasta obtener la respuesta correcta, pero se hace para evitar que ciertos programas creen gran cantidad de cuentas introduciendo datos aleatorios, normalmente para utilizar el espacio obtenido alojando ficheros ilegales.

Escribe los caracteres que veas en la imagen siguiente.

No se distingue entre mayúsculas y minúsculas.

Ahora que tenemos una cuenta *Google*, es el momento de sacarle partido. Algunos servicios interesantes son:

- **Gmail** (www.gmail.com)*:* sistema de correo electrónico web gratuito, con cuentas de capacidad en torno al GB, con un tamaño máximo de archivo a enviar o recibir de 20 MB, pero recuerde que podemos utilizar las opciones de los programas de compresión para dividir un archivo en fragmentos. Sólo esto ya le hace extraordinario, pero además actúa como enlace y notificador entre los distintos servicios de *Google*, proporcionando de forma paralela un servicio de mensajería instantánea y videoconferencia entre sus usuarios; en realidad lo difícil es que no lo proporcione, ya que su opción de activación/desactivación está escondida en la zona inferior de la pantalla de *Gmail*.

Estás utilizando 27 MB (0%) de tu cuota total de 7309 MB.

Última actividad de la cuenta: hace 1,5 horas con la IP (81.9.139.35). Información detallada

Vista de Gmail: estándar | activar chat | HTML básico Más información

- **Maps** (maps.google.es): servicio de mapas a nivel mundial, incluyendo fotografías vía satélite, búsqueda de direcciones y rutas por carretera entre dos puntos. No necesitamos una cuenta para utilizar este servicio, pero si la tenemos podremos guardar nuestras preferencias y subir fotos e información comercial.

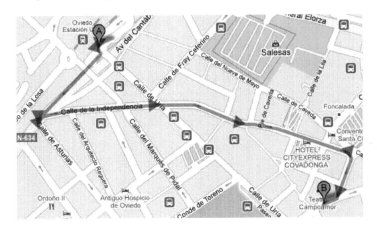

- **Blogs** (www.blogger.com): también llamados *weblogs* o *bitácoras*, son páginas web optimizadas para que el autor publique información periódica, normalmente dedicadas a un tema específico, sin necesidad de que el autor tenga conocimientos sobre diseño web, aunque éstos ayudan si queremos modificar los temas predeterminados.

- **Reader** (reader.google.com): agregador de noticias y RSS; los enlaces compartidos en *Reader* pueden enviarse de forma que sean notificados a nuestros contactos a través de *Gmail*.

- **Calendar** (calendar.google.com): servicio de agenda, muy similar a *Outlook*, pero con la ventaja de que podemos acceder desde cualquier equipo.

- **Docs** (docs.google.com): proporciona un completo juego de aplicaciones ofimáticas on-line; dicho de otra forma, es como tener *Office* sin necesidad de instalarlo en el equipo.

- **Wave** (wave.google.com): esta plataforma tiene como objetivo combinar los servicios de comunicación en tiempo real, e-mail y wiki, creando lo que sería entre un espacio de trabajo compartido y una red social; en el momento de escribir estas líneas todavía está en desarrollo, y sólo se puede acceder por invitación, como anteriormente ocurrió con *Gmail*.

Éstos no son los únicos servicios del monstruo que es *Google*. Podemos mencionar *Adsense* (www.google.es/adsense), que paga a los usuarios por insertar publicidad en sus sitios web, o algunos desarrollos que entran en competencia directa con sitios establecidos, como su sistema de almacenamiento y compartición de fotografías (*Picasa Web Albums*) y *Flicr* (www.flickr.com). En otros casos simplemente se produce una absorción, como el popular *YouTube* (www.youtube.com).

Google no se limita a los servicios online, sino que ofrece aplicaciones como *Google Earth* (earth.google.es), que utiliza fotografías por satélite para abrir una increíble ventana al mundo, incluyendo simulaciones tridimensionales de edificios importantes y paseos virtuales por ciertas calles, o su navegador *Chrome* (www.google.es/chrome), cuya versión **Google Chrome OS** aspira a sustituir al sistema operativo en aquellos equipos básicamente orientados a la navegación, como los nuevos *netbooks*.

Uno de los desarrollos más conflictivos de *Google* es el **escaneo de textos con Copyright**, de forma que resulte posible búsquedas on-line sobre ellos (labs.google.com), ya que choca directamente con la ley de propiedad intelectual, aunque recientemente *Google* ha llegado a un acuerdo con las sociedades de autores. También ha tenido problemas legales con las miniaturas que muestra en el modo de búsqueda de imágenes.

Sea como sea, lo cierto es que *Google* se ha convertido en pocos años en un gigante de la talla de *Microsoft*, cambiando para siempre el concepto que teníamos de Internet.

6.2 FIREFOX

Si Google es nuestra puerta al mundo, el navegador será nuestra puerta a Internet. *Internet Explorer* (abreviado como IE) viene incluido con el sistema operativo y, aunque ha tenido grandes problemas de seguridad, la versión IE8 ha corregido la mayoría de ellos, lo que le convierte en el navegador por excelencia; y sin embargo vamos a centrarnos en su principal rival, *Firefox* (www.mozilla.org), por los siguientes motivos:

- **Código abierto:** al tratarse de un proyecto comunitario, la detección de fallos y sus actualizaciones se suceden más rápidamente que con las aplicaciones propietarias, como IE.

- **Seguridad:** primero por su código abierto, como acabamos de decir, y segundo porque al no ser el navegador más extendido, muchas amenazas no están diseñadas para él.

- **Extensiones:** *Firefox* dispone de un sistema de extensiones que permite a los usuarios crear e instalar complementos para su navegador. Podemos instalar miles desde el sitio oficial de *Firefox* (https://addons.mozilla.org), y su número crece constantemente.

- **Compatibilidad:** *Firefox* e *Internet Explorer 8* son muy similares; por ejemplo los marcadores de *Firefox* tienen su equivalente en los *Favoritos* de IE, por lo que la explicación puede aplicarse a ambos. Por otra parte, cada vez más páginas web son totalmente compatibles con *Firefox*; además más tarde veremos un sencillo "truco" para acceder correctamente a aquéllas que sólo son compatibles con IE.

Una de las funciones más interesantes de los nuevos navegadores son las **pestañas**, que permiten abrir múltiples páginas simultáneamente dentro del mismo navegador, ya sea mediante *botón derecho-Abrir en una nueva pestaña* o manteniendo pulsada la tecla *Ctrl* al hacer clic sobre un enlace.

Otro elemento interesante de *Firefox* es la **barra de búsqueda**, que se encuentra en la esquina superior derecha. Su funcionamiento es muy simple: escribimos el término o términos que queremos buscar y pulsamos *Intro*, con lo que se abrirá la búsqueda correspondiente en el navegador.

El buscador por defecto es *Google*, pero si pulsamos el pequeño desplegable junto a la *G* tendremos acceso a los demás buscadores, entre los que se incluye la famosa *Wikipedia* (http://es.wikipedia.org). Al final del desplegable aparecerá *Administrar motores de búsqueda*, que nos permitirá añadir o eliminar buscadores de esta barra.

Muchos buscadores, y algunos otros servicios como los diccionarios on-line de http://wordreference.com, disponen de plugins especiales para que podamos agregar sus búsquedas a esta barra (http://mycroft.mozdev.org/search-engines.html).

Muchos contenidos que encontramos en las páginas web necesitan que instalemos en el navegador unos complementos especiales para soportarlos, llamados **plugins**, siendo uno de los más famosos *Adobe Flash* (antes *Macromedia*). Cuando *Firefox* detecta que necesita alguno, nos lo indicará sustituyendo el contenido por una pieza de construcción, e intentará descargarlo e instalarlo automáticamente si le damos permiso para ello, pudiendo desinstalarlo posteriormente en *Herramientas-Complementos*.

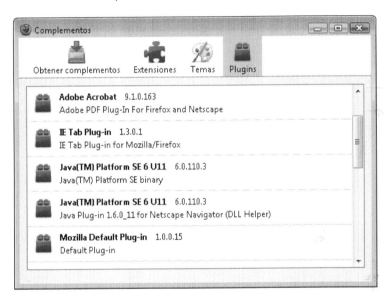

Una función importante del navegador es el bloqueo de ventanas emergentes, o **pop-ups**. Evita, al menos hasta cierto punto, que se abran ventanas no solicitadas o que se ejecuten ciertos contenidos peligrosos automáticamente, mostrando una barra de aviso en la parte superior del navegador desde la que podemos elegir dejar pasar el elemento bloqueado.

El bloqueo es prácticamente imprescindible si queremos navegar con comodidad, pero también implica que cuando **falla un enlace** en una página web deberemos verificar si se ha producido un bloqueo, y en caso afirmativo, pulsar sobre el icono que ha aparecido para establecer si dejamos que el contenido bloqueado se ejecuta o no.

Si visitamos ciertas páginas habitualmente, no tiene sentido escribir manualmente su dirección cada vez que queremos acceder a ellas. El menú **Historial** conserva una lista de nuestras visitas durante un tiempo, pero nada nos asegura que permanecerán en ella. En lugar de eso podemos añadirlas al menú **Marcadores** (*Favoritos* en IE) pulsando *Marcadores-Añadir esta página a marcadores*, o el icono en forma de estrella al final de la barra de navegación.

Podemos colocar los marcadores más utilizados en la **Barra de herramientas de marcadores**, mostrándolos continuamente en pantalla, pero a medida que su número crece suele ser mejor organizarlos en subcarpetas dentro del propio menú *Marcadores* (*Marcadores-Organizar marcadores*), quizás incluso desactivando la barra de herramientas de marcadores para ganar espacio y/o activándolos como un panel lateral mediante el menú *Ver*.

Cada subcarpeta creada dentro de *Marcadores* contendrá la opción **Abrir todo en pestañas** al final. Esto quiere decir que podemos crear *carpetas temáticas*, por ejemplo consultas diarias, y abrirlas todas simultáneamente con un solo clic del ratón.

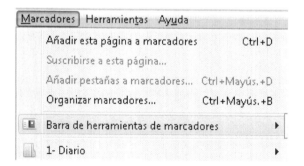

Dentro de *Organizar marcadores* tenemos el menú **Importar y respaldar**. Por ejemplo, podemos usar *Exportar HTML* para crear una página web con nuestra colección de marcadores, de forma que podemos copiarla a un lápiz de memoria y llevarla con nosotros. *Importar HTML* lee una página web y añade todos los enlaces a nuestro menú marcadores, sin eliminar los enlaces antiguos. Si lo que queremos es realizar una copia de seguridad de los marcadores que reemplace los existentes al ser restaurada, tendremos que utilizar en su lugar las opciones *Copiar* y *Restaurar* del menú *Importar y respaldar*.

Un icono naranja con ondas blancas en la barra de navegación indica que esa página dispone de un **marcador dinámico**, que podremos agregar pulsando sobre dicho icono. En lugar de saltar a una página, un marcador dinámico muestra un desplegable con un listado de las últimas noticias publicadas, lo que es ideal para comprobar cómoda y rápidamente la publicación de novedades.

Por si fuera poco, podemos ampliar *Firefox* instalando **extensiones**; buscando un poco en http://addons.mozilla.org, que contiene cerca de 10.000 complementos, debería mostrarnos docenas que valga la pena probar, como por ejemplo:

- **IE Tab** (http://ietab.mozdev.org)**:** la solución definitiva al problema de compatibilidad con *Internet Explorer*. Si hemos instalado esta extensión y una página no funciona bien, podemos hacer clic sobre el pequeño icono de *Firefox* en la esquina inferior derecha del navegador para hacer que esa pestaña pase a trabajar con el motor de *Internet Explorer*; a todos los efectos, es como si dentro de *Firefox* tuviésemos una pestaña de IE. Al hacer clic el icono se convierte en el de *Internet Explorer*, pudiendo volver a hacer clic sobre él para que vuelva a trabajar con el motor de *Firefox*.

- **Xmarks** (www.xmarks.com)**:** si utilizamos varios ordenadores, por ejemplo uno de sobremesa y un portátil, necesitaremos a menudo los marcadores que hemos dejado en el otro equipo. Podemos utilizar *Xmarks* para almacenar nuestros marcadores on-line, que serán sincronizados automáticamente cada vez que realicemos un cambio, o cuando seleccionemos *Sincronizar ahora* en el pequeño icono de la mariposa que crea en la esquina inferior izquierda del navegador.

- **Download Statusbar** (http://downloadstatusbar.mozdev.org)**:** mejora la funcionalidad del gestor de descargas de *Firefox*, haciendo que éstas aparezcan minimizadas en la zona inferior del navegador. Por comodidad, conviene acceder a las opciones de esta extensión (en *Herramientas-Complementos*), activar *Continuar automáticamente las descargas en el gestor de descargas al cerrar el navegador*, y ajustar *Eliminar automáticamente estos tipos de archivo * después de* a 0 segundos.

- **Gspace** (www.getgspace.com)**:** nos permite almacenar archivos en una o más cuentas *Gmail* que, considerando su límite de 2GB, no es una mala idea para el almacenaje de copias de seguridad. Su funcionamiento es muy sencillo, una vez instalada la extensión accederemos a ella en *Herramientas*, utilizando el botón *Manage Accounts* para introducir los datos de la cuenta, y pulsando *Login* a continuación. Desde ese momento podremos utilizar el explorador adjunto para subir y bajar archivos.

- **FireFTP** (http://fireftp.mozdev.org)**:** el funcionamiento de esta extensión es prácticamente idéntico a *Gspace*, sólo que en este caso la utilizaremos para subir y bajar archivos desde sitios FTP, como el alojamiento de una página web que vayamos a publicar o un espacio genérico del tipo *ftp://ftp.microsoft.com*.

Como resulta un poco molesto tener que recordar los sitios web desde los que instalamos nuestras extensiones favoritas, lo mejor es descargarlas y guardarlas en nuestro disco duro. Para ello accederemos a la página de la extensión y pulsaremos *botón derecho-Guardar destino como* sobre el botón de instalación, obteniendo así un archivo de extensión XPI. Para instalar manualmente las extensiones bastará con abrir *Firefox*, y arrastrando el archivo XPI y soltándolo sobre el navegador, pudiendo utilizar posteriormente *Herramientas-Complementos* para configurarlas y/o desinstalarlas.

Para terminar, podemos mejorar el rendimiento de este navegador con unos pequeños ajustes en **Herramientas-Opciones**; veámoslos pestaña a pestaña:

- **Principal**: en lugar de utilizar la página predeterminada, podemos modificar el desplegable *Cuando se inicie Firefox* para que arranque con una página en blanco o las utilizadas en la última sesión. También es interesante seleccionar el directorio por defecto para las descargas mediante *Guardar archivos en*, por ejemplo ubicándolas en el escritorio.

- **Pestañas:** si tenemos la costumbre de abrir búsquedas o marcadores en nuevas pestañas, es incómodo tener que utilizar continuamente *Archivo-Nueva Pestaña*. Si activamos Mostrar siempre la barra de pestañas, bastará con hacer doble clic en ella para abrir una nueva pestaña.

- **Contenido:** podemos utilizar el botón *Excepciones* en el menú *Bloquear ventanas emergentes* para configurar qué sitios web no serán bloqueados por el filtro de *pop-ups*.

- **Programas:** uno de los mayores problemas de *Firefox* es que se ejecuta como un único proceso, de forma que si una pestaña se bloquea, todo el navegador se bloquea. Por defecto los archivos *PDF* se abren en el navegador, y si tienen un tamaño elevado éste se bloqueará hasta que se complete la carga. Para evitarlo podemos cambiar el comportamiento de *Adobe Acrobat Document* a *Siempre preguntar*, lo que nos dará la opción de descargarlo.

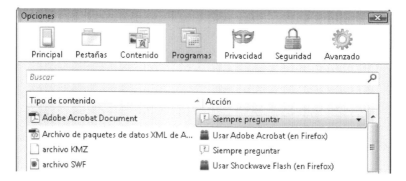

- **Privacidad:** si no nos gusta dejar rastros de nuestra navegación desactivaremos las dos primeras opciones de **Historial**, pero el problema es que esto no elimina todos los rastros y además *Download Statusbar* necesita que mantengamos un historial de descargas. Una solución más eficiente será activar *Limpiar siempre los datos privados cuando cierre Firefox*, preferiblemente accediendo al menú *Configuración* y desactivando el borrado de la *Caché*, ya que ayuda a la navegación y, al estar codificada, no es fácil espiar su contenido. A pesar de su mala reputación, las *cookies* son imprescindibles para navegar cómodamente en ciertos sitios web, y por lo tanto borrarlas continuamente haría la navegación incómoda.

- **Seguridad:** es muy peligroso permitir al navegador que recuerde contraseñas con la configuración por defecto, ya que hay muchos programas que pueden mostrarlas, como *PasswordFox* (www.nirsoft.net). Podemos evitar este problema desactivando *Recordar contraseñas de los sitios*, pero también activando *Usar una contraseña maestra*, ya que codifica el archivo de contraseñas de forma que no puede ser accedido por programas externos, y además se nos solicitará la contraseña maestra cada vez que queramos utilizar alguna de las grabadas, con lo que evitaremos que otros usuarios accedan a los sitios memorizados. Pero si nos acostumbramos a utilizar la contraseña maestra, es fácil que olvidemos las contraseñas convencionales, así que conviene anotarlas en alguna parte, y guardarlas de forma segura.

- **Avanzado:** como su nombre indica contiene opciones de configuración avanzadas, que rara vez necesitaremos modificar.

Una nota más sobre la seguridad. El **phishing** es un tipo de ataque muy popular, en el que recibimos un correo, típicamente del banco, pidiendo que pinchemos un enlace para verificar ciertos datos. En la práctica el enlace nos lleva a una página que actúa de puente entre el banco y nosotros, permitiéndonos acceder pero copiando en el proceso el nombre de usuario y la contraseña.

> https://www.woodgrovebank.com/loginscript/user2.jsp
>
> http://192.168.255.205/wood/index.htm

Por eso nunca deberemos seguir un enlace en un correo para acceder a un sitio web sensible; en su lugar deberemos acceder directamente al sitio a través de nuestros marcadores o escribiendo manualmente la dirección correcta.

Hay una cierta tendencia a creer que si aparece el candadito en el navegador, la comunicación es totalmente segura, pero en realidad lo único que indica es que hemos establecido una comunicación privada con el destinatario. En la práctica hay **dos canales seguros** (túneles), el nuestro con el sitio que está realizando el *phishing*, y el de éste con el banco, por lo que todas nuestras comunicaciones están codificadas, pero a la vez son totalmente transparentes para el agente intermedio.

Por eso, y en caso de duda, deberemos **verificar el certificado** haciendo doble clic sobre el candado del navegador, o simplemente dejando que el ratón repose sobre él... pero no solemos hacerlo, ¿no es así? Afortunadamente los diseñadores de navegadores van agregando **funciones anti-phishing**, comprobando la validez de los certificados y detectando cuando un sitio web no es lo que finge ser.

Los certificados son útiles, pero no están libres de problemas. Por ejemplo, muchos sitios web solicitan un certificado sin necesitarlo y luego olvidan **renovarlo**, de forma que la gente que accede a ellos obtiene mensajes del tipo: *El certificado ha expirado, ¿seguro que quiere continuar?* lo que provoca cierta ansiedad o, en el caso de algunos navegadores tozudos como *Firefox*, grandes dificultades para acceder.

Esta conexión no está verificada

Ha pedido a Firefox que se conecte de forma segura a **www.** que la conexión sea segura.

Normalmente, cuando se intente conectar de forma segura, para asegurar que está en el sitio correcto. Sin embargo, la id verificada.

¿Qué debería hacer?

Si normalmente accede a este sitio sin problemas, este error está intentando suplantar al sitio, y no debería continuar.

[¡Sácame de aquí!]

▷ **Detalles técnicos**

▷ **Entiendo los riesgos**

Así que recuerde: si la información que suministramos no es confidencial, es mejor no utilizar certificados al diseñar una página web.

6.3 OTRAS APLICACIONES DE INTERNET

En los programas de **mensajería instantánea** cada usuario utiliza un apodo (*nick*), combinado con una dirección de correo o un número único (como el UIN de ICQ) para identificarse en la red. A medida que vamos añadiendo los identificadores de nuestros amigos y éstos aceptan el contacto, el programa nos notificará cuando se conectan, de forma que podremos abrir *chats* o videoconferencias para hablar con ellos.

Messenger (http://download.live.com/messenger) es posiblemente el programa de mensajería instantánea más famoso del mundo. A su vez, es parte de la *suite Live* de *Microsoft*, por lo que crear una cuenta nos dará acceso a una serie de servicios que incluyen correo electrónico, almacenamiento remoto y redes sociales, de forma análoga a lo que ocurre con *Google*.

Una vez introducidos los datos de cuenta y elegidas nuestras **preferencias de conexión** (desactivadas para máxima privacidad y activadas para un inicio de sesión automático), entraremos en la ventana principal, donde se mostrarán los correos electrónicos pendientes, la actividad general de nuestra comunidad *Live* y el estado (conectado o desconectado) de nuestros contactos.

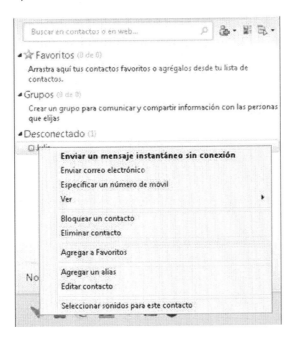

Doble clic abre una **conversación con un contacto**, y si pulsamos sobre él con el botón derecho obtendremos un menú de opciones, que variarán según el estado del contacto: mensaje offline, correo electrónico, mensaje al móvil, transferencia de archivos, mensaje de voz, videoconferencia, etc. Las distintas funciones se centralizan en el menú emergente del pequeño icono de la esquina superior derecha de la pantalla, incluyendo el envío de archivos o la gestión de contactos.

Uno de los elementos más importantes de dicho menú, a la hora de **trastear con la configuración**, es *Herramientas-Opciones*. Por ejemplo, *Messenger* se ejecuta por defecto en el arranque, lo que puede resultar muy molesto si compartimos el PC con otros usuarios, pero podemos deshabilitar el autoarranque en su submenú *Iniciar sesión*.

Si tenemos amigos en varias redes podemos optar por instalar el cliente correspondiente para cada una de ellas, o recurrir a un **cliente múltiple** como *Pidgin* (http://pidgin.im) que nos da acceso simultáneo a múltiples redes, entre las que se cuentan AIM/ICQ, *Yahoo*, *Google Talk* y, por supuesto, MSN de *Microsoft*.

Otro programa interesante es *Skype* (www.skype.es), un sistema de mensajería y videoconferencia centrado en la telefonía gratuita mediante **VoIP** (voz sobre IP), que incluye el soporte *SkipeOut* para llamar a teléfonos convencionales a precio local, independientemente de su ubicación real.

Messenger comprueba periódicamente si hemos recibido algún correo de *Hotmail*, y cuando es así nos lo comunica. Una solución similar, pero aplicable a la práctica totalidad de los servidores de correo, es instalar un **notificador** como *POP Peeper* (www.poppeeper.com), que verificará nuestras cuentas de forma periódica, avisándonos cuando llegan nuevos mensajes.

Durante la instalación deberemos estar atentos y **activar el plugin** para *webmail*; también deberemos permitirle instalar automáticamente sus actualizaciones, ya que si no la verificación puede fallar, al producirse cambios en los servidores de correo.

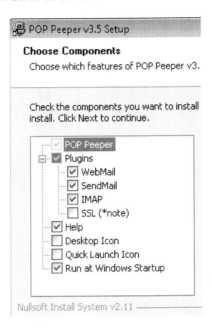

Al terminar la instalación el programa detectará la **configuración de las cuentas** de la mayoría de clientes de correo electrónico, aunque sigue siendo necesario introducir manualmente la contraseña de los usuarios y activar la codificación SSL cuando es necesaria. También podemos usar el asistente para gestionar las cuentas, o acceder a su configuración desde la ventana principal, con los botones añadir, editar y eliminar (los pequeños buzones que aparecen en la zona inferior de la lista de usuarios).

Entre los elementos de **configuración** interesantes destaca la notificación (*Opciones-Notificación-Visualización*, donde solemos elegir *Mostrar alerta en el escritorio*), la deshabilitación de la descarga previa de correo (*Opciones-Almacenamiento*) y las opciones predeterminadas de descarga en la pestaña *Configuración*, donde es mejor no permitir la previsualización en formato HTML para evitar la ejecución de código maligno.

Cambiando completamente de tercio, podemos hablar un poco de esos programas que permiten compartir archivos de forma más o menos anónima a través de redes *igual-a-igual*, *peer-to-peer* o, abreviadamente, **P2P**. La gran ventaja de estas redes es que a medida que los usuarios van bajando fragmentos de un archivo compartido, éstos pasan a compartirse también, con lo que en breve el archivo estará extendido a través del mundo y dispondremos de miles de usuarios de los que descargar.

Estas redes se han hecho tristemente famosas debido a lo fácil que es localizar y compartir contenidos **piratas** de gran tamaño, como imágenes de CD (*ISO*), películas extraídas de un DVD (*DVD-Rip*) o incluso grabadas clandestinamente con una cámara portátil, directamente en la sala de un cine durante los primeros días de proyección (*Screeners*).

Eso no quiere decir que dichas redes se utilicen únicamente para fines ilegales; en realidad hay gran cantidad de contenidos válidos, como distribuciones de Linux, o archivos multimedia publicados por artistas que desean darse a conocer; pero las redes P2P son complejas de configurar, necesitando que abramos puertos en routers y cortafuegos, lo que implica un respetable nivel de conocimientos técnicos.

La reciente proliferación de sitios de almacenamiento on-line, como *Rapidshare* o *Megaupload*, ha cambiado en gran medida las reglas del juego, popularizando las descargas directas, en las que los contenidos a compartir se guardan en estos servidores, anunciándolos en páginas web (que muchas veces mezclan contenidos legales e ilegales) o localizándolos mediante buscadores especializados, como http://filestube.com, en lo que se ha bautizado como **descargas directas**.

¿Dónde está el beneficio para los propietarios de los sitios de descarga? Normalmente en la publicidad, y para asegurar que los usuarios no se limitan a localizar el enlace y bajar lo que quieren, les hacen esperar durante un minuto o más entre la solicitud del enlace y la confirmación de la bajada, contemplando como una **cuenta atrás** se desliza lentamente hacia cero.

Para evitar abusos se limita el tamaño máximo de los archivos, se aumenta el tiempo de espera en descargas sucesivas, se obliga a esperar 24 horas cuando se supera un cierto límite; factores que pueden ser evitados si pagamos **una pequeña cuota**, convirtiéndonos en usuarios *Premium*.

Pero ya sabemos que los programadores pueden ser muy ingeniosos, y aparecen aplicaciones como *FreeRapid Downloader* (http://wordrider.net/freerapid), que soporta docenas de sitios de descarga y no necesita instalación; cuando se está ejecutando, capturará los enlaces que copiemos del navegador (botón derecho-copiar dirección del enlace) y procederá a gestionar su descarga, esperando cuando es necesario, e insistiendo cuando algo falla.

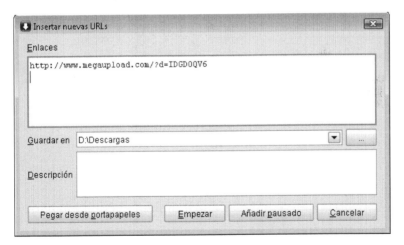

FreeRapid no sólo baja archivos de sitios de descarga directa, también captura otros enlaces, como los de las **películas de YouTube**, permitiéndonos así guardarlas en nuestro disco duro, una opción de la que carece el sitio web.

6.4 WIFI

Hoy en día es impensable comprar un portátil sin adaptador *WiFi*, no sólo por la comodidad que proporciona utilizarlo en cualquier lugar de casa sino porque cada vez más locales públicos permiten el acceso inalámbrico a la red, aunque no todos de forma gratuita, e incluso los equipos de sobremesa tienden a usar esta opción, evitando así la instalación de incómodos cables entre el PC y el punto de acceso a Internet.

La conexión tiene un máximo teórico de 100 m, aunque en la práctica será de unos 50 m, ya que la velocidad de transmisión decrece con la distancia, dependiendo de los obstáculos e interferencias que encuentre en su camino. Por lo demás, las redes *WiFi* funcionan exactamente igual que las redes locales convencionales: **la única función del enlace WiFi es sustituir al cable**.

A la hora de configurar un enlace inalámbrico deberemos conocer los siguientes factores:

- **SSID:** también llamado *Identificador de Conjunto de Servicio*, es el "nombre" del enlace inalámbrico que aparecerá en el listado de redes disponibles.

- **Canal:** canal de transmisión de datos que utiliza el enlace, un número que establece la frecuencia de trabajo y que por defecto es el 6 en muchas tarjetas. Normalmente no es necesario conocer el canal para conectarse a una red.

- **Codificación:** la red puede dejarse abierta para cualquier usuario, en lo que se llama configuración no segura, o puede ser protegida mediante algún sistema de codificación, WEP, WPA o RADIUS. No siempre es fácil conectarse a una red no segura, ya que algunos usuarios optan por desactivar el servicio DHCP, por lo que no proporcionará de forma automática la configuración necesaria para acceder a Internet (dirección IP a usar, puerta de enlace, DNS).

Si hacemos doble clic en el **Administrador WiFi** del *área de notificación* (a la derecha de la barra de tareas) y actualizamos el listado de redes, deberíamos ver los *SSID* de las redes disponibles. Si se trata de una red no segura, o si es una red segura pero conocemos la clave de acceso, deberíamos poder establecer el enlace sin dificultad, siempre que, como acabamos de mencionar, el servicio de autoconfiguración DHCP esté activo en el router, que suele ser el caso habitual.

¿Qué pasa si no es así? Si se trata de nuestra red, tendríamos que consultar al proveedor de servicios, que nos indicaría la información necesaria (dirección IP, DNS y puerta de enlace predeterminada), así como los pasos a seguir para realizar la configuración. Y si se trata de una red ajena, nos aguantamos… o utilizamos algún programa de análisis para intentar detectar la configuración a partir del tráfico, pero esa ya es otra historia.

Si el *Administrador WiFi* nos indica que se trata de una **red no segura**, no se referirá únicamente a que no ha sido protegida por contraseña, sino a que cualquiera podrá ver los contenidos de nuestras comunicaciones, ya que el tráfico no está codificado. Es más, algunos usuarios desprotegen intencionadamente sus redes para capturar el tráfico de sus vecinos cuando éstos les "roban" su conexión, tal y como vimos antes al comentar la necesidad de verificar los certificados.

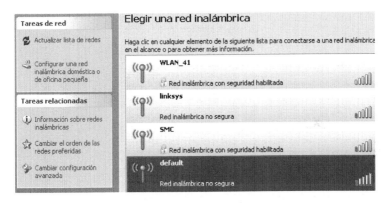

Por cierto, el *Administrador de redes de Windows* muestra una desagradable tendencia a **no querer conectarse a redes** que sabemos que son válidas, porque nos hemos conectado antes a ellas y tienen una buena señal; en estos casos el truco es pulsar en *Actualizar la lista de redes* (en la esquina superior izquierda de la ventana) y volver a probar, repitiendo si no funciona hasta que consigamos conectarnos.

Si queremos configurar una red inalámbrica doméstica, deberemos saber que su elemento central es el llamado **Punto de acceso**, que gestiona el funcionamiento de la red interconectando a todos los elementos dentro de su alcance, siempre que se encuentren dentro del mismo *canal* y *SSID*. Los *puntos de acceso* también pueden ser configurados para otras funciones, en particular como repetidores de señal que la amplían y retransmiten entre dos puntos dados, aumentando el alcance de la red.

Una vez comprobado que el enlace inalámbrico funciona deberemos codificar la información que transmitimos, ya que la señal está abierta a cualquier receptor que se encuentre dentro del alcance (entre 100 y 400 m usando antenas homologadas). La codificación estándar es *WEP*, que utiliza una clave de 64 o 128 bits o, lo que es lo mismo, de 8 o 16 bytes. Como tres bytes se dedican a la cabecera de la codificación, las **contraseñas WEP** deberán tener 5 o 13 caracteres según el nivel de codificación elegida.

Un método de codificación mucho más seguro y cómodo es **WPA**, que en su forma simple consta de una contraseña alfanumérica (letras y números), preferiblemente de gran tamaño, que utilizaremos tanto en el receptor como en el emisor; lo normal será desactivar *Radius*, a menos que se trate de una empresa que utilice un servidor de autentificación.

Mientras que *XP* nos obliga a utilizar contraseñas *WEP* de la longitud indicada, no es raro que los *routers* inalámbricos o los puntos de acceso nos permitan introducir una contraseña de cualquier longitud, siempre y cuando alcance el mínimo número de caracteres de la codificación, lo que puede crear problemas de comunicación con *XP* a menos que utilicemos contraseñas de longitud exacta. En cambio *WPA* permite contraseñas de cualquier longitud, pero puede provocar errores si sólo utilizamos números.

Capítulo 7

PC INTERNO
··

La gran mayoría de los problemas del PC se deben al software, pero a veces necesitaremos acceder a su interior para ampliar sus prestaciones o, en el peor de los casos, sustituir elementos defectuosos. Pero antes de trastear en el interior del PC, debemos conocer los riesgos que esto implica, tanto para nosotros como para él, y conocer las reglas que regulan su montaje.

7.1 MANIPULACIÓN DE COMPONENTES

Lo primero que debemos hacer es conocer la función de los distintos conectores del exterior del PC, ya que resultaría un poco extraño desmontarlo y después no saber dónde va cada cable:

- **Puerto COM, o serie:** debido a su forma se les llama conectores *tipo D*, y suelen ser machos de 9 patillas (pins), aunque en algunos equipos antiguos el segundo puerto (COM2) tiene 25 pines. Tienen poca utilidad, pero todavía se utilizan para algunos módems externos y ratones antiguos.

- **Puerto paralelo o LPT1:** conector D hembra de 25 pines, utilizado generalmente en impresoras; de ahí que también se le llame *puerto de impresora*. Está algo desfasado debido a su lentitud, pero aún se utiliza, aunque ha ido despareciendo en los equipos modernos.

- **DIN:** puerto hembra circular con una pequeña guía y 5 pines, utilizado para conectar teclados. Actualmente no se fabrican equipos con este puerto (no aparece en la imagen), ya que ha sido sustituido por el PS2.

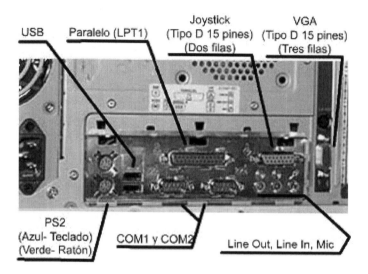

- **PS2:** aparece por primera vez en los equipos IBM y se convierte en poco tiempo en un estándar universal. Los PC incorporan dos, uno más cercano al borde de la carcasa para el teclado (suele ser de color azul), y otro para el ratón (verde). Como su aspecto es similar a un DIN pequeño, también se le denomina *MiniDIN*. Aunque podemos desconectar y volver a conectar dispositivos *PS2* con el ordenador encendido, es mejor no hacerlo para evitar averías; además, si un dispositivo PS2 no está conectado durante el arranque del PC, no será posible activarlo hasta que reiniciemos el equipo.

- **USB (Bus Serie Universal):** es la solución a la necesidad de conectar gran cantidad de dispositivos al ordenador, permitiendo enlazar (teóricamente) hasta 127 dispositivos a través de concentradores, aunque en la práctica el rendimiento disminuye a medida que aumentamos el número de elementos. Debemos distinguir entre el sistema USB 1.1, con una velocidad de transmisión de 12 Mbps, y la versión 2.0 que alcanza velocidades de hasta 480 Mbps, siempre que tanto el PC como el dispositivo conectado utilicen puertos con este estándar. Para que nos hagamos una idea de la velocidad que esto representa, los puertos COM tienen un límite de 0.08 Mbps y el LPT no alcanza 1 Mbps; además, el sistema USB está especialmente diseñado para la conexión en caliente, lo que hace su uso muy cómodo.

- *IEEE 1394:* puerto serie de alta velocidad con un límite teórico de 400 Mbps. También se le llama *Firewire* (marca registrada de Apple) y en mucho menor grado *i.Link* (Sony). Su forma es similar al USB, pero más grueso y redondeado en uno de sus extremos. Está destinado a la transmisión de grandes volúmenes de datos como los generados por las cámaras de vídeo digitales, aunque también puede utilizarse para conectar dos equipos en red. Al igual que el USB está optimizado para su conexión en caliente.

- *VGA:* conector "D" hembra de 15 pines distribuidos en tres filas, típicamente de color azul, que se utiliza para conectar la salida de vídeo al monitor. Es uno de los conectores "imprescindibles" del PC, junto con el ratón, el teclado y la alimentación eléctrica.

- Otros conectores de vídeo: además de VGA, las tarjetas gráficas pueden incluir salidas de vídeo compuesto (RCA o S-Video, conector redondo en la foto), vídeo digital DVI (conector blanco), así como vídeo digital de alta resolución (HDTV y HDMI, su aspecto es similar al USB).

- *Audio (Line Out, Line In, Mic):* suelen ser conectores de tipo Jack (como los de los cascos de un *walkman*) y varían mucho según el equipo, aunque todos suelen incluir una salida de audio denominada *Line Out* (verde), una entrada de audio llamada *Line In* (azul) o *Aux*, y una entrada de micrófono llamada *Mic* (rojo). Tanto estos conectores como el de juegos pertenecen a la tarjeta de sonido. Algunos sistemas pueden tener más conectores, como los 5.1, que incorporan cinco salidas envolventes y una para un refuerzo de graves (*subwoofer*).

- **Puerto de juegos:** también denominado *puerto de joystick*, se utiliza para conectar una palanca de mando o un dispositivo MIDI al PC. Es un conector D hembra con 15 pins distribuidos en dos filas. Mediante el uso de un ladrón podemos conectar hasta dos dispositivos de juego en este conector.

Uno de los riesgos más famosos de la manipulación de dispositivos eléctricos es la **electrocución**, que ocurre cuando circula una corriente eléctrica elevada a través del cuerpo, con consecuencias que pueden ser letales. Este riesgo no existe en el interior del PC, ya que utiliza tensiones de trabajo reducidas que no son peligrosas para el ser humano.

La única zona peligrosa es la entrada de la red eléctrica al equipo, a través de la **fuente de alimentación** (encargada de convertir los 220 voltios de la red en valores de 12 voltios o menos), y bastará con soltar el cable de red para estar a salvo. Eso sí, los acumuladores del interior de la fuente pueden pegarnos un buen calambrazo incluso tiempo después de haberla desconectado, por lo que no deberemos abrirla, limitándonos a cambiarla si creemos que está defectuosa.

Además de la carcasa del PC, existe riesgo de electrocución si tocamos el interior de otros elementos sometidos a la alimentación de la red, como monitores o impresoras, aunque actualmente tienden a utilizar fuentes de alimentación externas, al igual que ocurre con los portátiles.

El **cortocircuito** es un motivo mucho más importante para que no manipulemos los equipos mientras están conectados a la corriente. Si establecemos contacto directo mediante un conductor de baja resistencia (un tornillo o herramienta metálica, un anillo, humedad, un fragmento de hilo de cobre, etc.) entre dos puntos de un circuito que se encuentran a distinto potencial, la corriente resultante puede ser muy elevada, pudiendo llegar a quemar alguno de los componentes afectados.

Desconectando la alimentación evitaremos electrocuciones y cortocircuitos, al menos hasta que volvamos a conectar el equipo, ya que los **errores de conexión** pueden causar la destrucción del equipo. Deberemos tener mucho cuidado de no equivocarnos en el montaje, sobre todo teniendo en cuenta que casi todos los conectores están configurados para entrar en una única posición.

Todos hemos notado esas chispas que saltan al quitarnos un jersey o al tocar ciertos objetos metálicos en invierno. Se trata de **cargas estáticas** acumuladas por fricción, ya sea contra el suelo, corrientes de aire frío o algunos tipos de tejido, que pueden superar los 10.000 voltios.

Si tocamos un conductor mientras estamos cargados estáticamente, la duración del chispazo será tan breve que apenas la notaremos, pero la descarga será suficiente para **destruir** los delicados transistores MOS de los componentes electrónicos. Es decir, podemos cargarnos un delicado (y caro) componente electrónico sólo con tocarlo.

Para evitar este problema deberemos descargarnos tocando algún **elemento metálico conectado a masa**, como la carcasa, y no cargarnos estáticamente mientras manipulamos componentes informáticos, evitando las alfombras en nuestro espacio de trabajo, ropa que "produce chispas", etcétera.

Otra causa típica para una avería son los **daños mecánicos**, que se producen cuando forzamos físicamente algún elemento. Casi todos los conectores tienen una posición única, debiendo comprobar que su ubicación es correcta antes de hacer una fuerza excesiva, sobre todo en el caso de los microprocesadores, que son extremadamente delicados y cuyas patas se doblan con facilidad al más mínimo golpe.

Los **pines doblados** del microprocesador se pueden enderezar empujándolos cuidadosamente con una navaja o una tarjeta de crédito; en cambio, los pines de los conectores son más complicados, ya que giran en su alojamiento, así que deberemos apoyarlos en el hueco de la punta de un destornillador de estrella antes de presionar sobre la parte curvada para enderezarla.

Otra posible causa de fallo son los tornillos; las formas cambian, pero básicamente hay de dos tipos, que podríamos llamar de rosca gruesa y rosca fina.   Los de **rosca gruesa** se utilizan sobre todo para sujetar la carcasa, los discos duros y la fuente de alimentación. Si intentamos atornillar un tornillo de rosca gruesa en el alojamiento de uno de rosca fina, veremos que da un par de vueltas y después entra muy duro, con lo que acabaremos forzando la rosca del agujero si insistimos.

Los tornillos de **rosca fina** se usan sobre todo en la sujeción de la disquetera, así como las unidades de CD y grabadoras; otros elementos, como tarjetas de expansión y placas base, pueden utilizar un tipo u otro dependiendo del modelo de carcasa. Si un tornillo fino entra en el agujero sin necesidad de atornillarlo, o sigue dando vueltas en él por más que lo apretemos, deberemos cambiarlo por uno grande; el problema es que si la rosca está holgada, es fácil que no salga al destornillar, así que tendremos que introducir algo delgado debajo de la cabeza, como una navaja o la punta de un destornillador plano, y hacer fuerza hacia el exterior a la vez que destornillamos.

Otro riesgo mecánico, esta vez para el técnico, son los **perfiles metálicos de la carcasa**, que pueden causarnos molestos cortes en las manos si no están suavizados, y lo mismo ocurre con otros elementos, como los flejes de sujeción. Basta con tener un poco de cuidado, pero es importante saber que la sangre es conductora y puede causar un cortocircuito.

Teóricamente es posible quemarse con algún componente particularmente caliente, pero en la práctica éstos suelen enfriarse en el tiempo que tardamos en desconectar y abrir el equipo, al menos lo bastante para no quemarnos. Son los **elementos protegidos por refrigeradores** metálicos los que corren un riesgo de destrucción si los retiramos, en particular el microprocesador, que se quemará instantáneamente si no está correctamente anclado sobre él en el momento de encender el equipo (da igual que el ventilador no funcione, como mucho el PC se apagará para proteger el micro si éste se recalienta).

Antes de abrir la carcasa del PC, recuerde:

• Desconecte antes el equipo.

• Tenga a mano un destornillador de estrella y uno plano, un recipiente para tornillos y una pequeña linterna, suele ser todo lo necesario para acceder al PC.

• Tome nota de los cambios que hace en el equipo si no está seguro de recordarlos después.

• Sea ordenado; no deje que tornillos, herramientas o componentes rueden libremente por el espacio de trabajo.

• No se ponga nervioso si las cosas no salen bien, aunque alguien le esté mirando. Hay que meditar con calma cada paso y, en caso de duda, ser consciente de las posibles consecuencias de un error antes de experimentar. Es mejor consultar a alguien que tener que pagar la reparación de todo el equipo.

- Sea paciente. Mejor aún, sea **MUY** paciente.

Una vez apagado el equipo y desconectado de la red eléctrica, podemos desconectar también los cables de conexión de periféricos para trabajar con más comodidad, colocando la carcasa de forma que sea fácil acceder a ella. Las tapas de la carcasa suelen ir sujetas mediante tornillos o enganches en su parte posterior, deslizándose luego hacia atrás y hacia fuera, siendo el costado izquierdo el único que hay que retirar en la mayoría de los equipos para abrirlos, aunque puede que tengamos que sacar el derecho para acceder a los tornillos de las unidades.

Sin embargo, **cada carcasa es un mundo**, pudiendo tener tornillos o cierres de bloqueo en los lugares más extraños. Con un poco de cuidado y atención es fácil abrirlas... y cerrarlas, si tenemos cuidado y comprobamos que los perfiles metálicos encajan en su alojamiento.

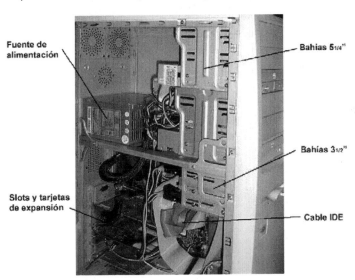

Una vez abierto el PC podremos apreciar los diversos elementos de los que se compone, incluyendo las ranuras (*slots*) de expansión, los alojamientos de las unidades de disco, la fuente de alimentación y los conectores de datos.

7.2 ALMACENAMIENTO MASIVO

El elemento principal del interior de un PC es la placa base, que actúa como centro neurálgico del mismo. En ella se alojan elementos tan famosos como el microprocesador y la memoria, y de ella parten los cables que llevan a los demás componentes del PC, tanto externos (teclado, ratón, dispositivos USB) como internos (discos duros, DVD, disquetera). Veamos cómo se conectan estos últimos.

Empecemos por la instalación de una nueva unidad de disco duro o DVD. Los discos duros suelen ir atornillados en el interior, dentro de las bahías destinadas para ellos en el interior del equipo (tamaño 3 ½"), mientras que las unidades de DVD se introducen desde el frontal en las bahías correspondientes (tamaño 51/4"), empujando desde dentro con un destornillador la chapita de plástico que protege el frontal si es necesario quitarla.

Serial ATA, o SATA, es actualmente el sistema de conexión estándar para discos duros, aunque todavía encontramos muchos equipos que siguen utilizando el clásico IDE. Utiliza un pequeño conector de datos, cuyo interior es en forma de L para evitar errores de montaje, que enlaza la placa base y el disco duro mediante un cable plano, típicamente de color rojo. La alimentación se establece con un conector que viene de la fuente, también en L, sólo que más grande.

Cada cable de datos tiene un conector idéntico a cada extremo, por lo que bastará con enchufarlo a la placa y al disco (y por supuesto también la alimentación del disco) para que esté listo para funcionar. El único problema que puede haber, aparte de que los dispositivos SATA estén deshabilitados en la BIOS, es que los conectores tienen una desagradable tendencia a soltarse con facilidad, por lo que merece la pena descartar los conectores clásicos, que suelen venir con la placa, y comprar unos con **flejes de anclaje**.

Una ventaja del formato SATA es que sus discos pueden ser conectados y desconectados **en caliente**, es decir, con el ordenador funcionando, lo que lo hace especialmente deseable para el transporte de datos. Sin embargo, en la práctica la conexión/desconexión en caliente puede ser peligrosa, ya que el dispositivo puede llegar a quemarse si no se cumplen ciertas condiciones, por ejemplo que el modo AHCI esté activo en la BIOS, por lo que lo más conveniente es no probarlo.

Una excepción a esta regla son los conectores *eSATA* (*external-SATA*), que están especialmente diseñados para la conexión y desconexión en caliente, y por lo tanto siempre deberían funcionar sin problemas... aunque todavía hay un peligro, y es que el controlador SATA de Windows no considere la **escritura demorada** (*Windows* aumenta el rendimiento esperando antes de guardar ciertos datos, disminuyendo así los accesos al disco), con lo que corremos un cierto riesgo de pérdida de datos.

Tanto las unidades de CD/DVD como los discos duros antiguos siguen utilizando el **sistema IDE**, basado en un cable de datos (generalmente es plano, ancho y de color gris) que incluye tres conectores de 40 pines, uno de ellos destinado a la placa base, y otros dos a la conexión de dispositivos. Las placas bases típicas suelen tener conectores para uno (dos dispositivos) o dos cables IDE (cuatro dispositivos).

Es posible montar al revés el conector IDE, y aunque una conexión incorrecta no causaría daños al equipo, puede hacer que el ordenador no funcione correctamente, negándose incluso a arrancar. Para evitar este problema la **línea roja** del cable IDE debe coincidir con el pin número 1, que estará serigrafiado tanto en la placa base como en el conector de la unidad IDE.

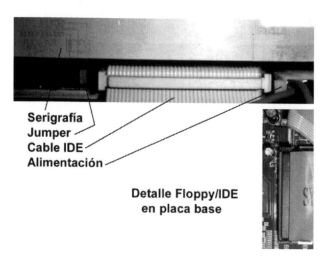

Serigrafía
Jumper
Cable IDE
Alimentación

**Detalle Floppy/IDE
en placa base**

Más sencillo que buscar el pin 1, es saber que éste se encontrará junto al conector de alimentación, por lo que bastará con orientar la línea roja en esa dirección para montar correctamente el cable de datos. Respecto a la propia alimentación, utiliza unos conectores llamados **Molex**, que tienen las esquinas limadas para evitar su conexión incorrecta, lo que les da una característica forma de *D*.

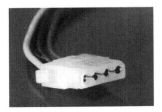

Lo ideal para el rendimiento es que sólo conectemos un dispositivo por cable IDE, pero si no tenemos más remedio que conectar dos, deberemos evitar posibles conflictos configurando las unidades en modo **maestro/esclavo**. Para ello, ajustaremos la posición de unos pequeños conectores de plástico, llamados *jumpers*, según la configuración serigrafiada en la unidad; los *jumpers* actúan como interruptores, cerrando el circuito eléctrico entre dos patas metálicas, lo que informa a la unidad de su posición.

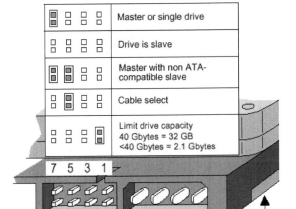

Para extraer un *jumper* podemos utilizar pinzas, alicates finos, o tirar con la uña de su reborde externo, si es que lo tiene. La serigrafía indica las posiciones para **Maestro** (MA), **Esclavo** (SL) o **Cable Select** (CS). Colocar un *jumper* en CS implica que esa unidad será maestro en el caso de encontrarse conectada al extremo del cable *IDE*, o esclavo si está pinchada en el centro del mismo, y no suele utilizarse ya que es mejor determinar manualmente quién es maestro y quién esclavo.

Resumiendo, los ordenadores suelen tener soporte para **hasta cuatro dispositivos IDE**, y cuando haya dos dispositivos pinchados en un mismo cable *IDE* uno deberá estar configurado obligatoriamente como maestro y el otro como esclavo, a menos que ambos estén ajustados como *Cable Select*, aunque lo ideal será que sólo haya un dispositivo por cable.

Uno de los avances de la tecnología IDE fue sustituir el antiguo cable de 40 hilos por uno de **80 conectores**, de aspecto mucho más fino, que conecta los 40 hilos extra a masa para que actúen como blindaje contra interferencias, alcanzando así mayores velocidades de transferencia de datos a la vez que se mantiene el clásico conector de 40 pines. Si la BIOS muestra un mensaje de aviso (*No 80 conductor cable*) al encender el ordenador, se deberá a que estamos utilizando uno de los cables antiguos, con lo que el rendimiento se reduce.

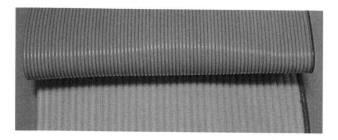

En los PC antiguos (pero muy, muy antiguos), las BIOS no reconocen los nuevos discos duros hasta que entramos en ellas y ejecutamos el menú **IDE HDD Autodetect**; estos equipos también pueden dar otros problemas, como no reconocer discos duros de más de 32GB, que es justo el motivo por el que todos los discos IDE incorporan ahora un *jumper* de limitación de tamaño junto a la configuración maestro/esclavo.

Un par de consejos finales: los discos duros no deben abrirse bajo ningún concepto, ya que se averían si pierden el vacío de su interior, y recuerde, **cualquier golpe puede estropear un disco duro si éste está funcionando.**

Para terminar hablaremos de las **disqueteras**, que seguimos encontrando en los ordenadores a pesar de que están prácticamente obsoletas, por lo que deberemos saber conectarlas, y más aún si consideramos que tienden a quemarse si las conectamos mal, lo que las convierte en uno de los elementos más delicados del equipo, junto al microprocesador.

Al igual que ocurría con las unidades de DVD, las disqueteras se introducen y extraen desde el frontal, nunca hacia el interior, ya que podemos romper el embellecedor. Su **conector de alimentación** viene de la fuente, tiene forma de *U* invertida, 4 pines y un pequeño enganche en su zona inferior, que nos obligará a levantar ligeramente el conector antes de tirar de él para retirarlo. Mientras que los demás conectores de la fuente sólo entran en una posición, el de la disquetera puede ser insertado boca-abajo o desplazado lateralmente; ahí es cuando la disquetera se quema, así que deberemos tener mucho cuidado al conectarlo.

El cable de datos es similar al IDE, pero más pequeño, se llama *FDD* o **Floppy** y tiene un pequeño retorcimiento en su extremo, que le da la apariencia de estar roto. No hay configuración maestro/esclavo: la unidad será *A:* si está conectada al extremo del cable (después del retorcimiento), y *B:* si está pinchada en el centro (antes del retorcimiento).

La línea roja deberá estar orientada hacia el pin 1, pero al contrario de lo que ocurría con las unidades IDE, este no siempre se encuentra junto a la alimentación. Si conectamos al revés el cable de datos de la disquetera y encendemos el ordenador, veremos que la **luz piloto** de la disquetera se queda permanentemente encendida, lo que nos indica que tendremos que apagar el equipo y darle la vuelta a uno de los extremos del cable.

7.3 SLOTS DE EXPANSIÓN

La placa base incluye una serie de ranuras, llamadas *slots de expansión*, que permiten la conexión de nuevos dispositivos, en forma de **tarjetas de expansión**, al interior del equipo.

El *slot de expansión* estándar es el **PCI**, de color blanco grisáceo, y las placas suelen incorporar de dos a seis *slots* de este tipo. Por cierto, el *slot 1* puede entrar en conflicto con el *5*, por lo que no conviene usarlos a la vez; lo mismo ocurre con el *2* y el *6*.

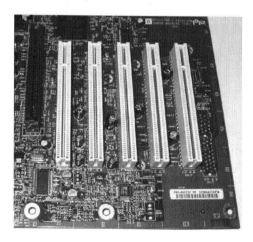

Con el tiempo, elementos como las tarjetas de sonido se han ido integrando en la placa base, mientras que las tarjetas de captura de vídeo, y otros aparatos similares, se han ido convirtiendo en dispositivos externos USB, y al final los *slots de expansión* se han visto limitados a un puñado de dispositivos especiales, como las controladoras SCSI.

Aunque hay una excepción: si nos gustan los videojuegos o trabajamos en diseño gráfico, veremos cómo nuestra **tarjeta gráfica** se vuelve obsoleta rápidamente, por lo que resulta ideal montarlas en forma de tarjetas de expansión, en lugar de incorporarlas a la placa base.

Pero hay un problema, las tarjetas consumen una gran cantidad de recursos, y el bus PCI no es suficiente para ellas, ni siquiera la versión ampliada del mismo, PCI-X, que dobla su potencia. Por lo tanto fue necesario desarrollar un bus específico para las tarjetas gráficas, llamado **AGP**, que pudiera proporcionar la potencia necesaria, aunque con el tiempo hubo que doblar (AGP 2x) y redoblar el estándar, hasta alcanzar AGP 8x, que representa el límite tecnológico de este bus.

Una lamentable consecuencia de este desarrollo tecnológico es que la tensión del *estándar AGP 1.0* es de 3,3V, mientras que la del 2.0 es de 1,5V, por lo que las tarjetas 1x y 2x no funcionaban en los nuevos *slots*, y las 4x y 8x podían **quemarse** (junto con la placa base) si las pinchábamos en un *slot* antiguo.

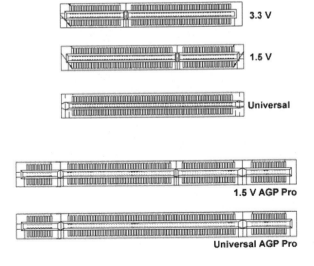

Para evitar este riesgo se optó por diferenciar los *slots AGP*, y a la vez crear un nuevo **slot Universal** preparado para trabajar con ambas tensiones. A medida que aumenta el consumo de las tarjetas gráficas se hicieron necesarios conectores de alimentación externos, o utilizar **slots AGP Pro**, que agregaban más pines de alimentación. *AGP Pro* sólo es compatible con las series 4x y 8x, por lo que también aparecen los *Universal AGP Pro*, capaces de soportar todos los tipos de tarjetas.

Para que nos hagamos una idea de la magnitud de *AGP 8x*, su capacidad era superior a la de un microprocesador de gama baja, es decir, la tarjeta podía llegar a ser más potente que el propio micro... y aún no era bastante.

PCI Express (también llamado PCIe o PCI-E), complementa al ya agotado PCI, sustituyendo la transmisión paralela de datos (paralelo) por ráfagas serie de alta frecuencia, lo que evita problemas de sincronización y permite alcanzar mayores velocidades de transferencia.

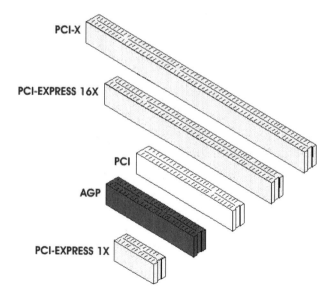

En lugar de conectar múltiples dispositivos a un único *bus*, cada dispositivo tiene su propia **pista PCIe**, que le comunica directamente con el *chipset*, con una capacidad de 250 MB/s y la posibilidad de asignar múltiples pistas a un mismo dispositivo (PCI-E 1x, 2x, 4x, 8x y 16x); por ejemplo, las **tarjetas gráficas** modernas se montan en *slots PCIe 16x*.

El ancho de banda del bus **PCI-E 16x** es casi el doble de *AGP 8x* y, por si fuera poco, una placa base puede incorporar múltiples *slots PCI-E 16x*, con lo que podemos combinar dos o más tarjetas gráficas, ya sea trabajando en paralelo (**SLI** de NVIDIA), o utilizando una tarjeta para gobernar a otras (configuración Maestro/esclavo **Crossfire** de ATI).

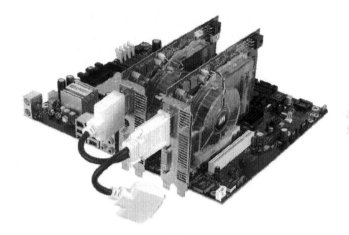

Pero no es oro todo lo que reluce; la mayoría de las placas base sólo soportan 20 pistas *PCIe*, así que cuando conectamos dos tarjetas en paralelo los slots 16x se comportan como *PCIe 8x*; más o menos como si fueran dos *slots AGP 8x*, con lo que la mejora del rendimiento no es tan grande como para compensar el incremento de precio.

Recuerde, a la hora de elegir una tarjeta de expansión, debemos **comprobar que en la placa base queda espacio libre para enchufarla** (no sólo en *slots*, sino también el tamaño de la tarjeta), so pena de tener que quitar algún otro componente para instalarla o incluso descubrir que la nueva tarjeta no es compatible con nuestro equipo.

Respecto al montaje, la tarjeta se introduce verticalmente en la ranura, pero antes tendremos que comprobar si hay un embellecedor o protector metálico frente a ella, que tendremos que retirar previamente; muchas veces hay una pequeña chapa protectora que hay que arrancar, normalmente haciendo fuerza con un destornillador y doblándola repetidas veces con la mano hasta que se suelta, siempre con cuidado de no cortarnos.

En la figura se aprecia el espacio vacío dejado por la tarjeta gráfica, una chapa protectora pendiente de arrancar y otra chapa que se ha puesto para evitar la entrada de polvo, aunque si nos olvidamos de atornillarla representará un grave riesgo de cortocircuito.

Slot AGP
Slot ACR
Slots PCI

Soporte carcasa

Detalle de posicionamiento y
manipulación de la tarjeta

La manera más cómoda de conectar una tarjeta es tumbar el ordenador de forma que podamos introducirla verticalmente, sin miedo a que el PC se caiga cuando apretemos para colocarla. A continuación, procederemos a sacar la tarjeta de la bolsa intentando tocarla sólo por la chapa de anclaje y los bordes de la placa que no tienen conductores, para evitar el riesgo de **descargas estáticas**, y la situaremos sobre la ranura correspondiente.

Hay que vigilar tanto la posición de la tarjeta sobre el *slot* como la ubicación de su anclaje, cuyo extremo inferior a veces tropieza con la carcasa y dificulta la introducción de la tarjeta. Una vez colocada la tarjeta sobre la ranura la empujaremos hasta que entre por completo, haciendo fuerza a izquierda y derecha alternativamente si vemos que no entra con facilidad. Para terminar, atornillaremos el anclaje a la carcasa, cerraremos el equipo y comprobaremos que todo funciona correctamente.

Si el ordenador da problemas o se niega a arrancar, es posible que la tarjeta sea **incompatible** o no la hayamos colocado correctamente, así que podemos verificar su instalación, cambiarla de *slot* o quitarla y probar de nuevo, por supuesto con el PC apagado.

Introducir o sacar una tarjeta con el ordenador encendido puede provocar averías serias, que es por lo que algunos equipos incluyen cierres de seguridad para evitar que se suelten inadvertidamente, sobre todo en el caso de los *slots gráficos*, que pueden destruir la placa base en caso de "salto". Para extraer una de estas tarjetas seguras habrá que soltar el **bloqueo**, que suele ser un pequeño eje deslizante al final del *slot de expansión*.

7.4 MICROPROCESADOR

El **microprocesador** es el dispositivo más famoso del PC. Realiza buena parte de los cálculos y operaciones del sistema, y de su calidad y velocidad dependerá en buena medida el rendimiento del equipo, aunque a veces se exagera su importancia.

Podemos desmontar el microprocesador para practicar, o para sustituirlo por otro igual si se ha estropeado (más tarde veremos su diagnóstico); la actualización es más difícil, ya que el zócalo (*socket*) de la placa base debería ser compatible con el nuevo modelo, algo que normalmente no ocurre, debido a la rapidez con la que avanza el mercado. Por eso, debemos ser conscientes de que, a la hora de ampliar el núcleo de un sistema, suele ser necesario cambiar el **conjunto micro/placa/memoria**.

El microprocesador es un componente caro y delicado, pero si lo manejamos con un poco de cuidado no deberíamos tener ningún problema al **extraerlo**. Para empezar deberemos retirar el refrigerador, soltando el cable del ventilador de la placa y comprobando cuidadosamente cómo se retira su anclaje, para a continuación tirar suavemente de él hasta separarlo del micro.

Debido a la pasta térmica que se echa entre el micro y el refrigerador, con el objetivo de mejorar la transferencia de calor, puede producirse un ligero efecto de succión; en este caso moveremos el refrigerador hacia los lados a la vez que tiramos de él, para no arrancar el micro del zócalo. Y recuerde, **no conecte nunca el ordenador sin el refrigerador**, ¡se quema!

Los microprocesadores se alojan en **zócalos de fuerza de inserción nula** (ZIF), así que una vez retirado el refrigerador, deberíamos ver una palanca de retén, una vez activada (por ejemplo, empujándola suavemente hacia el exterior y hacia arriba), deberíamos ser capaces de sujetar las esquinas del micro con las uñas y sacarlo suavemente, depositándolo sobre un elemento aislante como una caja de plástico o la alfombrilla del ratón, con mucho cuidado de no doblar sus patillas.

Para insertarlo de nuevo comprobaremos que coinciden las zonas bloqueadas del zócalo con las patillas faltantes del micro, colocándolo con mucha suavidad y evitando doblar las patillas. Una vez introducido, lo mantendremos presionado mientras bajamos la barra del zócalo, y renovaremos la pasta térmica si es necesario (nos pueden regalar un tubo en cualquier tienda de informática). Para terminar, colocaremos el refrigerador sobre él, comprobando que su posicionamiento es correcto, y conectaremos el anclaje y la toma de alimentación del ventilador.

Ahora que hemos visto el método a seguir, veamos los riesgos que conlleva:

- **Esfuerzo mecánico sobre la placa:** sobre el microprocesador se instala un refrigerador que va sujeto a la placa, y aunque cada modelo tiene características particulares, muchos requieren que se haga una fuerza considerable, tanto para ponerlo como para quitarlo. Además, en algunos casos es necesario desatornillar y retirar la fuente de alimentación, lo que hace el proceso más incómodo (retirar la fuente no es peligroso siempre y cuando se desenchufe y no se abra su carcasa).

- **Resina térmica:** a pesar de que tanto la superficie del micro como del refrigerador están pulidas, es conveniente usar resina térmica para mejorar el contacto, que suele suministrarse en un pequeño bote cuando compramos un refrigerador nuevo. La resina se reseca con el uso, y si desmontamos el refrigerador será conveniente limpiar ambas superficies y aplicar una nueva capa, no muy gruesa, sobre la zona de contacto del micro. Al poner el refrigerador y antes de sujetar su anclaje, intentaremos moverlo ligeramente para extender mejor la pasta. Se trata de un producto irritante, así que si nos manchamos con resina deberemos evitar el contacto con los ojos y lavarnos las manos. Algunas resinas son conductoras, con el consiguiente riesgo de cortocircuito si se derraman sobre elementos eléctricos del micro.

- **Doblado de patillas:** si observamos el zócalo veremos que tiene cegados algunos agujeros, de forma que éstos coincidan con la ausencia de ciertas patillas en la base del microprocesador, evitando así que lo introduzcamos incorrectamente. Como las patillas del micro son muy frágiles podemos doblarlas muy fácilmente si lo forzamos al introducirlo en el zócalo, o si se nos cae al suelo. Aunque las patillas pueden enderezarse con algo fino, como una navaja, se romperán si las doblamos demasiado estropeando por completo el microprocesador.

- **Descarga estática:** al estar formado por millones de transistores *MOS*, el microprocesador es especialmente sensible a las descargas estáticas, por lo que deberemos extremar las precauciones al manipularlo.

- **Mal montaje del refrigerador:** si no colocamos correctamente el refrigerador sobre el micro, correremos el riesgo de que éste se queme al encender el ordenador, aunque siempre suele haber cierto contacto, por lo que el fallo típico son "cuelgues" por sobrecalentamiento. Otro peligro es que la superficie de algunos micros es muy pequeña y si el refrigerador hace fuerza sobre una esquina es posible que se rompa, invalidando la garantía y llegando a dañarlo en algunas ocasiones; podemos comprar láminas protectoras (*shims*) que forran el contorno del micro, repartiendo la presión.

Está claro que, aunque podemos identificar el microprocesador leyendo la identificación serigrafiada en su carcasa, dado el riesgo de destrucción es mucho mejor utilizar un programa de análisis, como *CPU-Z* (www.cpuid.com/cpuz.php), que nos dará sus características, aunque otro tema es entender lo que nos dice.

Por ejemplo, consideremos el microprocesador de la imagen anterior: *ATHLON 64 3200+ 2,0 Ghz Socket 939 Venice*. Este trabalenguas hace referencia a ciertas propiedades de los microprocesadores que debemos conocer, a la hora de comprender sus características:

- **Fabricante:** hay muchos modelos de microprocesadores, pero en el mundo del PC los más significativos son los de los fabricantes Intel (www.intel.es), con tendencia a la gama alta y AMD (www.amd.com/es-es) con tendencia a la gama media, siempre en dura competencia. VIA (www.via.com) es otro fabricante de microprocesadores que ha conseguido hacerse un sitio en el mercado, exactamente el de los PC de bajas prestaciones y bajo consumo. Este mercado se ha disparado con la aparición de los *netBook*, pequeños ordenadores portátiles que caben en un (gran) bolsillo y son capaces de ejecutar Linux o XP.

- **Gama:** la gama principal de Intel se ha llamado durante mucho tiempo *Pentium*, aunque ahora la ha abandonado a favor de la denominación *Core2*, que no tiene nada que ver con el concepto de doble núcleo, ya que abarca desde soluciones de núcleo simple a *Quad*. AMD sigue utilizando el nombre *Athlon* para su familia de micros estándar, aunque la nueva gama alta ha pasado a denominarse *Phenom*. Tanto Intel como AMD disponen de versiones de bajas prestaciones de sus microprocesadores, llamadas *Celeron* y *Sempron* respectivamente, que lógicamente son mucho más baratas. Otras gamas son los microprocesadores para el mercado de servidores, como *Xeon/Itanium* (Intel) y *Opteron* (AMD), o de consumo reducido para portátiles, como *Centrino* (Intel) y *Turion* (AMD). Intel también tiene una gama especial para el mercado de muy altas prestaciones y *overclocking*, llamada *Extreme Edition*.

- **Modelo:** dentro de cada gama existen multitud de modelos distintos, cada uno de ellos con sus prestaciones. En el ejemplo anterior, el modelo principal sería *Athlon 64 3200+* con la variante *Venice*. Intentar recordar cada modelo es tiempo perdido (y no digamos las variantes). Nos limitaremos a estudiar en un momento dado las prestaciones de los distintos modelos disponibles en el mercado y cuyo precio se ajuste a nuestras necesidades.

- **Zócalo (Socket):** al igual que ocurría con las memorias, distintos modelos de microprocesador pueden tener distintos zócalos de conexión, evitando así que se conecten elementos incompatibles por error. Esto puede ocurrir también en el caso de las versiones de gama baja y alta, e incluso entre variaciones tecnológicas dentro del mismo modelo, como la evolución del *socket 970* en los *Athlon 64* al *socket 939*.

- *Cache L1:* los accesos a memoria a través del bus frontal son demasiado lentos en comparación con la frecuencia de trabajo, así que los microprocesadores tienen una pequeña memoria interna que trabaja a su misma velocidad, acelerando el acceso a datos y direcciones. Su tamaño es muy importante para el rendimiento del micro, y al tratarse de una memoria extremadamente cara, rara vez supera unos cientos de KBytes.

- *Cache L2:* actualmente los micros incluyen una memoria de alta velocidad dentro del encapsulado, llamada *cache de nivel 2*, que tiene una gran velocidad (frecuencia de trabajo o fracciones respetables de ella) pero prestaciones inferiores a las de la *L1*. Dado el gran tamaño de la *L2* (alrededor de 1MB) es bastante habitual que parte de ella resulte defectuosa en el proceso de fabricación; por eso se divide en dos partes, desactivando una de ellas si resulta dañada y vendiéndose el microprocesador como versión de gama baja. Por eso, las versiones reducidas de los micros (*Celeron* y *Sempron*) suelen tener la mitad de *caché L2*.

- *Frecuencia de trabajo:* es el valor más famoso de un micro y representa su frecuencia de trabajo en *Gigaherzios* (*2GHz* en el ejemplo), que más o menos se puede equiparar a su velocidad, aunque dependerá de ciertos factores tecnológicos. Hay que tener en cuenta que los demás componentes del PC trabajarán a velocidades muy inferiores (200 MHz o menos; 1 GHz= 1.000MHz)

por lo que su influencia sobre el rendimiento general es limitada; por eso lo ideal es elegir el más adecuado para la labor a desarrollar dentro de una buena relación calidad/precio, dejando las velocidades más extremas para aquellos equipos que realicen fuertes trabajos de cálculo puro como codificación de vídeo, servidores empresariales, procesado de entornos virtuales multimedia (por ejemplo, videojuegos), etc. Además, los micros super rápidos de hoy serán el modelo de oferta del año que viene, por lo que rara vez merece la pena gastar un dineral comprando la última novedad del mercado.

- **Doble núcleo:** crear microprocesadores cada vez más rápidos y potentes tiene un precio, y la tendencia actual es encapsular al menos dos micros en una misma pastilla, denominándolos microprocesadores *Dual Core* (no confundir con *Core2*, que es el nuevo nombre de los microprocesadores Intel). La ventaja de este sistema es que aunque una aplicación esté utilizando un núcleo de forma intensiva, el otro está libre para atender al rendimiento general del ordenador, por lo que sufrimos mucho menos a menudo la sensación de "congelación" asociada con el proceso elevado. El punto negativo es que si queremos que una aplicación aproveche el máximo del equipo deberá estar preparada para utilizar múltiples núcleos, algo que no abunda demasiado, por lo que normalmente la mitad de nuestro micro no estará haciendo casi nada.

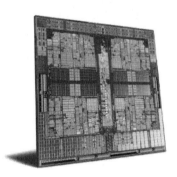

- **Cuádruple núcleo:** llamados *Quad Core*, estos micros ofrecen una elevada potencia de trabajo combinada a cambio de maximizar el problema de las aplicaciones que sólo utilizan un núcleo, aunque las nuevas versiones incorporan internamente un sistema de trabajo colaborativo que reparte la carga entre ellos.

- **Bus Frontal/Hypertransport:** es un concepto confuso con muchas acepciones, pero la más importante es que representa la velocidad máxima de la comunicación entre el microprocesador y la memoria, por lo que este dato representará una medida de rendimiento mucho más fiable que la frecuencia de trabajo. En equipos antiguos podíamos encontrar *buses* con velocidades desde los 10 a los 133 MHz, pero los más utilizados actualmente son 166 y 200 MHz con multiplicadores añadidos de x2 y x4, que estudiaremos más adelante. Si parecen lentas en comparación con los gigaherzios del microprocesador, hay que considerar que un aumento de bus de 166 a 200 MHz (+34 MHz) puede representar una mejora en el rendimiento general superior al 10%, mientras que es fácil que apenas apreciemos la diferencia entre un micro a 1,5 GHz y otro a 2 GHz a pesar del aumento de 500 MHz.

- **Otras tecnologías específicas:** existen multitud de funciones a tener en cuenta, como la presencia de juegos específicos de instrucciones (*MMX, SSE,* etc.), el número de *pipelines* de multiproceso disponibles, si tienen o no *Hyperthreading* (actúa como dos microprocesadores virtuales, aunque a veces puede dar problemas con Windows), etc. Si tenemos interés en determinar las prestaciones a esa profundidad podemos acceder a la página web de los fabricantes, que describe con detalle las funcionalidades de sus productos, pero normalmente no es necesario llegar a ese extremo. Una buena alternativa es leer periódicamente páginas dedicadas al análisis de los productos del mercado, como www.todoreviews.net o, si no tenemos problemas con el inglés, www.tomshadware.com.

Dentro de la evolución tecnológica de los microprocesadores, el cambio a los **64 bits** ha causado mucha confusión. Desde la aparición del *Pentium* se vienen usando buses de datos de 64 líneas, o sea, que pueden transmitir 64 bits de datos en un impulso de reloj; pero el bus de direcciones no superaba los 32 bits, lo que limitaba la máxima memoria RAM utilizable a un máximo de 4 GB.

Con el desarrollo por parte de AMD de la **familia Athlon 64**, y posteriormente la **familia Pentium 600** por parte de Intel se superó este límite, que únicamente afecta a la gran cantidad de memoria que pueden utilizar. Ahora bien, este cambio vino acompañado de una reestructuración y mejora general del funcionamiento de los microprocesadores comparable al salto cualitativo dado por los primeros *Athlon* respecto a los *Pentium* clásicos.

El rendimiento de los sistemas de 64 bits es alto en sistemas clásicos como Windows XP, pero su potencia se dispara cuando los combinamos con un sistema operativo y aplicaciones que están especialmente preparadas para el entorno de 64 bits, aunque por el momento no abundan.

7.5 MEMORIA

La potencia del microprocesador resulta crítica en la ejecución de aplicaciones de cálculo puro, lo que incluye factores tan dispares como programas de diseño, codificación de archivos de vídeo, acceso exhaustivo a bases de datos y videojuegos. Pero apenas se esfuerza en el uso diario. En cambio, todos los datos que utilicemos se cargarán a través de la memoria, y por eso la **sensación general de rendimiento** depende en gran medida de ella, y de la capacidad de la placa y el microprocesador para gestionarla.

A medida que ha ido avanzando la tecnología han aparecido nuevos tipos de memoria, muchos de ellos incompatibles con los anteriores. La memoria del PC se instala mediante pequeños grupos de *chip* ubicados en un circuito impreso, llamados **módulos**, que se insertan en una ranura (*slot*) de la placa base.

Mientras que los sistemas antiguos se introducían de lado, todos los módulos modernos se introducen **verticalmente**, presionando hasta que unos pequeños cierres laterales se enganchan a los lados del módulo. Para retirar el módulo bastará con empujar los cierres hacia fuera, lo que lo liberará y lo expulsará de su zócalo.

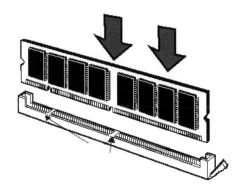

La forma de los *slots* ha ido cambiando, tanto para evitar el montaje erróneo de un módulo no compatible (el cambio de la posición de las ranuras asegura que no estamos pinchando un módulo de memoria en una placa que no puede soportarlo) como por motivos técnicos, y de esta forma los zócalos y memorias se han ido identificando. Actualmente podemos encontrar los siguientes *slots* en el mercado:

• **DIMM (SDRAM):** son módulos de 168 contactos y 64 bits, que se insertan verticalmente en su *slot* y quedan fijados mediante dos pestañas laterales; empezaron a utilizarse a partir del *Pentium*, aunque durante algún tiempo todavía se mantuvieron los SIMM de 72 contactos. Los primeros utilizaban memorias EDO, pero pronto pasaron a la SDRAM, una variante síncrona de la DRAM que permite repartir la carga de trabajo entre bancos alternos, con velocidades típicas entre los 100 (**PC100**) y 133 MHz (**PC133**); tienen dos ranuras en su zona de conexión que deben coincidir con unas protuberancias en el zócalo, lo que evita montajes erróneos. Pueden alcanzar velocidades superiores a los 200 MHz, tamaños superiores a 1 GB y trabajan con tensiones de alimentación reducidas que disminuyen su consumo y temperatura. Los primeros DIMM trabajaban con tensiones de 3.5V en lugar de los 5V de un SIMM, y su montaje simultáneo en placas con ambos zócalos acababa siendo causa de la destrucción del DIMM. Aunque es mucho menos frecuente, también podemos tener problemas si mezclamos módulos similares pero de distintos fabricantes. Aunque todavía podemos tropezarnos con equipos que los usan, ya no se fabrican debido a su bajo rendimiento, lo que ha provocado un fuerte incremento de precio respecto a memorias más modernas.

- **DDR:** DIMM con factor doble de transmisión de datos. Duplica su velocidad de funcionamiento trabajando dos veces en cada pulso de reloj de sistema, obteniendo velocidades de 266 MHz (133 x 2), 333 MHz (166 x 2) y 400 MHz. Su aspecto físico es muy similar al de un DIMM SDRAM, pero sólo tiene una ranura, ubicada cerca de un costado pero en una posición distinta de los DIMM SDRAM, con lo que no hay riesgo de error de montaje. Una RDRAM a 800 MHz tiene un ancho de banda de 1.600 MB/s (16 bits x 800 MHz, pasado a bytes), mientras que una DDR a 400 MHz tiene un ancho de banda de 3.200 MB/s (64 bits x 400 MHz). Si utilizásemos la etimología clásica la DDR sería una PC400, en comparación con el PC800 de la RDRAM, que tiene la mitad de su velocidad real. Por eso los fabricantes de las DDR decidieron sustituir la frecuencia de trabajo por el ancho de banda, pasando a llamarse *PC2100* (266 MHz), *PC2700* (333 MHz) y *PC3200* (400 MHz, se ha convertido en el estándar).

- **DDR doble canal:** En realidad son dos bancos DDR convencionales totalmente iguales entre sí; no siempre basta con que sea el mismo modelo del mismo fabricante, suele ser mejor comprar parejas *DDR* "certificadas" como doble canal por el vendedor (generalmente de fabricantes conocidos, como *Kingston* y *Corsair*). Si montamos la pareja en una placa base con capacidad doble canal (de forma que un módulo vaya en un canal y el otro en otro) y con un microprocesador que la soporte (*P4*, *Athlon 64*, etc.), conseguiremos casi el doble del ancho de banda de una *DDR*, es decir, cuadriplicaremos la velocidad de un DIMM convencional. Normalmente, las placas base señalan los zócalos doble canal mediante colores (los módulos que forman una pareja deben montarse en zócalos del mismo color) o separando los canales mediante un espacio (cada módulo va en un canal y por tanto, se montan dejando el espacio en medio). Al arrancar el equipo, o al chequear las memorias con un programa de diagnóstico como *Everest* (www.lavalys.com) o *CPU-Z* (www.cpuid.com), de los que ya hemos hablado anteriormente, debería aparecer un mensaje indicando que se está trabajando en modo de doble canal.

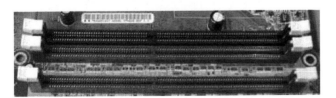

- **DDR2:** Nace como una evolución de la DDR para superar el límite de 400 MHz, pudiendo trabajar a velocidades como 533 (PC2-4200), 667 (PC2-5400) y 800 MHz (PC2-6400), pudiendo trabajar en casos extremos a 1.000 MHz (PC2-8000) o más. Trabaja habitualmente en doble canal y ha sustituido casi por completo a las DDR convencionales.

- **DDR3:** la nueva generación, dobla en velocidad a DDR2 y su estructura interna está diseñada para reducir latencias (retardos internos de la memoria que disminuyen su rendimiento). Todavía es algo cara, pero ya ha sustituido a DDR2 en los equipos de gama alta.

Cada placa base sólo suele soportar un tipo de memoria, así que antes de comprar un nuevo módulo deberemos estar seguros de que es compatible y de que la placa base lo soporta, estudiando sus especificaciones, ya sea mediante el libro que le acompaña (a veces en formato PDF dentro del CD de controladores) o accediendo al sitio web del fabricante. Si sólo se trata de saber que módulos de memoria estamos utilizando, podemos ejecutar *Everest* o *CPU-Z* para averiguarlo.

Podemos tener serios problemas a la hora de actualizar la memoria de equipos antiguos, sobre todo si utilizan DIMM SDRAM, ya que algunos pueden experimentar dificultades si instalamos simultáneamente módulos de doble (que tienen *chips* de memoria por ambos lados) y simple cara, mientras que otros sólo aceptarán los **módulos de doble cara**.

Otro problema que puede aparecer en cualquier tipo de actualización es mezclar memorias convencionales con **memorias registradas** (*buffered*), que tienen un *chip* central extra que redistribuye las señales a través del módulo de memoria, permitiendo que se utilicen más *chips* en un mismo *DIMM*. En general, las memorias de gama alta son *registradas*, mientras que las convencionales no.

Junto a la velocidad de trabajo, la memoria se define por su **tamaño**. Cuanta más instalemos mejor, pero lo mínimo aconsejable en un equipo moderno es 1 GB, y no estaría mal llegar a 4 GB. Otro factor importante, que tiende a dejarse de lado, son las latencias.

El proceso de acceso a datos guardados en la memoria consta de varios pasos, cada uno de los cuales tarda un cierto tiempo. El retardo introducido en el acceso a la información se denomina **latencia**, e influye mucho sobre la calidad de la memoria. Los fabricantes de memorias identifican *las latencias* mediante una serie de cuatro números, por ejemplo 2,5-4-4-7, que significan *CAS Latency (CL-2,5)*, *RAS-to-CAS (tRCD-4)*, *Precharge to Active Delay (tRP-4)* y *Active to Precharge Delay (tRAS-7)*.

De todos estos retardos, sólo el primer número, **CAS Latency**, se aplica a todas las operaciones; por eso se trata de la latencia más importante de todas, prácticamente la única que afecta al rendimiento real; por lo tanto, a la hora de elegir una memoria, cuanto menor sea su CL mejor será ésta.

7.6 PLACA BASE

Hasta ahora hemos visto cómo evaluar la memoria y el microprocesador, pero un factor tan importante como ellos es la placa base, ya que **interconecta todos los elementos del PC**, y por eso es tan vital para el buen funcionamiento del sistema como el microprocesador o la memoria.

A la hora de actualizar un equipo, comprarlo por piezas, o simplemente sustituir una placa averiada por otra nueva, tendremos que tener en cuenta varias consideraciones:

- *Factor de forma:* determina el tamaño de la placa y la ubicación de sus anclajes, y sólo será determinante en la elección de una placa si necesitamos ajustarnos a algún tipo específico de carcasa. La mayoría utilizan ATX (305 mm x 244 mm) o Micro ATX (244 mm x 244 mm), pero también podemos encontrar placas en formato Flex ATX (229 mm x 191 mm) y Mini ITX (170 mm x 170 mm). BTX es el factor de forma más reciente, ajustado para soportar refrigeradores de microprocesador de gran tamaño y con un valor estándar de 325 mm x 267 mm, aunque existen versiones más pequeñas.

- **Fabricante:** normalmente podemos identificar la calidad relativa de una placa por su fabricante, confiando en primeras marcas como *Asus* o *Gigabyte*, o al menos conocidas, como *MSI, DFI* o *QDI*.

- **Socket:** el primer paso a la hora de comprar un equipo por piezas es elegir el microprocesador, que lógicamente determinará el tipo de zócalo (*socket*) de la placa base. Lo mismo ocurre cuando sustituimos una placa vieja por otra nueva, aunque dada la rápida evolución del mercado del PC, a veces cuesta encontrar repuestos.

- **Memoria:** si queremos aprovechar módulos de memoria que ya tenemos, necesitaremos comprobar que la placa los soporta, tanto en modelo (DDR2, DDR3) como en tamaño (2 GB, 4 GB, etc.). En los demás casos, suele elegirse antes una placa base y después comprar la memoria que mejor se adapte.

- **Slots y periféricos integrados:** juzgaremos el número y tipo de *ranuras de expansión* (*slots*) que vamos a necesitar (por ejemplo, si vamos a pinchar una o dos tarjetas gráficas) y hasta qué punto nos interesan los periféricos que integra la placa, como soporte SATA/RAID, tarjeta gráfica, tarjeta de sonido, número de conectores *IEEE 1394* (*Firewire*) y USB.

- **Chipset:** es el conjunto de chips que controlan la interacción de todos los elementos de la placa base, incluyendo aquéllos que le conectemos, como el microprocesador y la memoria. Los fabricantes de placas no suelen crear sus propios chipset, instalando aquéllos fabricados por NVIDIA, Intel o Via, principalmente, así que llegado el momento de decidir entre varias placas, no sólo deberemos "googlear" (es decir, buscar en www.google.es) sus características, sino las de sus *chipsets*.

A la hora de **cambiar la placa base**, deberemos comprobar si el microprocesador y la memoria serán compatibles con la nueva placa; como ya comentamos antes, no suele ser éste el caso, y por eso casi todas las actualizaciones requieren el cambio simultáneo de estos tres elementos.

Otro efecto secundario del cambio de placa es que si cambiamos de modelo, es muy posible que Windows de problemas, llegando incluso a bloquearse por completo, necesitando una reinstalación. Como medida de precaución, siempre deberíamos llevar a cabo una **copia de seguridad previa a la sustitución**.

Para **retirar la placa** será necesario desmontar todos los elementos del PC que dificultan su retirada, sobre todo unidades de disco, cables y tarjetas de expansión; una vez hecho esto, soltar la placa base es relativamente sencillo, ya que basta con quitar los tornillos que la sujetan y sacarla, levantándola primero por el lado más alejado de la carcasa, para que no se atasque con los flejes del embellecedor de los puertos de conexión (PS2, USB, etc.).

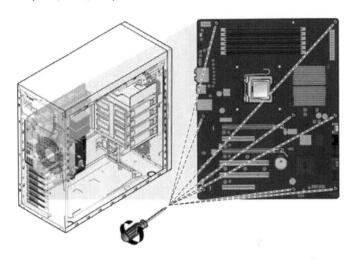

Si hemos cambiado de modelo de placa, puede ser necesario modificar la **ubicación de las tuercas de sujeción** en la carcasa, para que coincidan con los agujeros de la nueva placa, así como sustituir la chapa del embellecedor que cubre los puertos.

Una vez colocados deberemos comprobar, con mucho cuidado, que no hay ningún elemento conductor en contacto con la zona inferior de la placa que pueda provocar un **cortocircuito**, en particular soportes de tornillo no utilizados, y cuando insertemos la placa en el embellecedor deberemos evitar que los flejes de anclaje se interpongan entre los puertos y el exterior.

El mayor problema del montaje y desmontaje de una placa base son los "cablecillos" que la conectan con los **pulsadores y leds de la carcasa**. Si examinamos el manual de la placa (que podemos descargar de la página web del fabricante, tal y como hicimos con los controladores al principio del libro), encontraremos información sobre dónde se ubica cada uno de ellos, tal y como se ve en la figura.

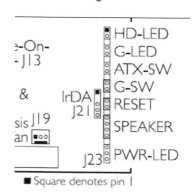

Esta información también suele estar serigrafiada en la propia placa, aunque si no disponemos de datos claros para el montaje, podríamos arriesgarnos un poco. Hay ciertas reglas que podemos seguir para facilitar nuestro trabajo, según el cable que queramos conectar:

- **Encendido:** es un pulsador para encender el PC, y puede llamarse *Power-SW, ATX-SW* o *MB-SW* (*SW* significa interruptor), según la placa y la carcasa. Es el único realmente necesario, por lo que aunque no tengamos ninguna información, podemos ir probando configuraciones hasta que consigamos ubicarlo correctamente y la placa funcione, dejando los demás libres.

- **Reset:** se trata de un conector de dos pines y corresponde al pulsador de reinicio del ordenador. Si el pulsador de encendido de la carcasa está estropeado podremos utilizar el de *reset* en su lugar, ya que los dos son análogos eléctricamente.

- **Speaker:** es un conector de cuatro pines asociado a un pequeño altavoz en la carcasa; si se presenta como dos cables sueltos deberemos enchufarlos dejando dos espacios en medio.

- **Power LED:** corresponde al piloto de encendido (*PWR-LED*) y su montaje es análogo al del *speaker*, sólo que en este caso se trata de un conector de tres pines, aunque algunas placas y carcasas lo sustituyen por uno de dos. En placas con bloqueo de teclado (cinco pines bajo la identificación *Keyb-lock*), el *Power LED* corresponde a tres pines de uno de los extremos del *Keyb-lock*. Dado que los diodos *LED* tienen polaridad, si no funciona en una posición deberemos darle la vuelta.

- **HD-LED:** muestra la actividad del disco duro. Es un conector de dos pines con polaridad, por lo que se aplican las mismas reglas que en el *Power-LED*.

- **G-SW y G-LED:** corresponde al pulsador y *LED* de ahorro de energía, respectivamente. Muy rara vez tienen su contrapartida en la carcasa, por lo que no suelen conectarse.

Otros elementos a conectar son las tomas frontales de USB y audio; el proceso es muy similar, con una diferencia. Muchas placas hacen que retiremos unos *jumpers* para conectar el audio frontal, y si alguna vez los desconectamos (por ejemplo, por un cambio de carcasa), descubriremos que nos habremos quedado sin sonido hasta que restauremos los *jumpers*.

Y por supuesto, no podemos olvidar la alimentación, que deberá ir conectada de la fuente a la placa. Además del enorme conector ATX de 20 pines, muchas placas necesitan un pequeño conector cuadrado de 4 pines, que tiene dos cables negros y dos amarillos, cuya función es aportar energía extra a los dispositivos USB que conectemos.

Debido al elevado consumo de energía de las nuevas placas, el antiguo conector ATX de 20 pines se ha visto sustituido por uno mayor, de 24 pines; en estos casos la placa puede funcionar con fuentes convencionales o con las nuevas de 24, aunque por supuesto, la última opción es preferible. Por motivos de compatibilidad con las placas antiguas, las nuevas fuentes aportan el clásico conector de 20 y un suplemento de 4 pines que permite ampliarlo a 24. Los cables del suplemento son de color negro, rojo, naranja y amarillo, y nunca deberemos confundirlo con el conector negro y amarillo para USB, ya que si los montamos erróneamente podemos quemar la placa.

7.7 PORTÁTILES

El montaje y desmontaje de los **portátiles** es un caso especial. A la hora de trastear en su interior no basta con desconectarlo de la red, también tendremos que quitar la batería. Los tornillos pueden ser una pesadilla, ya que podemos encontrarnos con docenas de ellos, con distintos tamaños y longitudes; y no hay ningún tipo de estándar constructivo, por lo que algo en apariencia tan simple como abrir la tapa para cambiar la retroiluminación puede convertirse en una pesadilla.

Por fortuna, muchos componentes pueden ser extraídos y sustituidos soltando uno o dos tornillos, algo muy típico en las **grabadoras de DVD**, que se insertan en un *slot* lateral y se pueden sacar fácilmente después de retirar su tornillo de retención, que suele retirarse desde la parte inferior de la carcasa. En cambio, en algunos portátiles el tornillo de sujeción está debajo del teclado, siendo necesario desmontar casi todo el equipo para sacarlo.

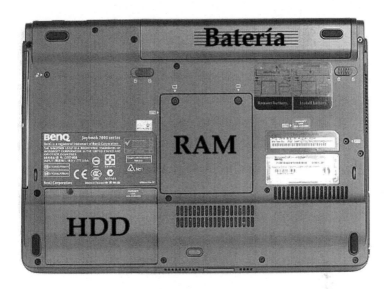

El paso obvio a la hora de **extraer un disco duro** u otro dispositivo distinto de la grabadora será quitar las tapas de la base de la carcasa, o a veces en los laterales, ya que en muchos casos nos proporcionan acceso directo a elementos importantes, como el ya mencionado disco duro, la memoria RAM, la tarjeta de red *Wi-Fi* (uno de los componentes que con más frecuencia se sustituyen) o incluso el microprocesador, según modelo. Una vez retirada la tapa el disco suele salir con facilidad.

Si tenemos acceso a la memoria RAM, ésta podrá ser sustituida o ampliada con facilidad. Los portátiles utilizan módulos cuyo tamaño es más o menos la mitad de un módulo convencional, y al igual que ocurre con los equipos de sobremesa, deberíamos comprobar que los **nuevos módulos** son compatibles con el equipo, no sólo en la forma de su zócalo, sino el tamaño del módulo en GB, ya que hay un límite en la cantidad de memoria que podemos instalar (se trata de un valor que podemos consultar en Internet, por ejemplo en la página del fabricante).

Para **retirar un módulo de memoria** de un portátil deberemos soltar dos pequeñas pestañas a sus lados a la vez que empujamos hacia arriba; una vez que el módulo se levanta unos 30 grados podremos tirar suavemente de él, alejándolo del zócalo, hasta sacarlo. A la hora de introducirlo realizaremos el proceso inverso, introduciendo el módulo inclinado y presionándolo hacia abajo hasta que encaje en su alojamiento.

Si nada de esto nos ha servido para acceder al componente que necesitamos desmontar, por ejemplo un tornillo de fijación de la grabadora bajo el teclado, deberemos tener siempre en mente que los portátiles son mucho más **difíciles de desmontar** que un PC de sobremesa, pudiendo dañarlos fácilmente o invalidar su garantía. Es más, el proceso puede ser tan complejo que lo normal a la hora de desmontar un portátil es localizar un tutorial, como los de http://repair4laptop.org/notebook.html, leerlo con calma, y seguirlo cuidadosamente.

Ya avisados, hay una serie de pasos comunes que sirven para la mayoría de los portátiles:

- **Desmontaje de la base:** uno de los pasos más fáciles es empezar a quitar tornillos de la base hasta retirarla, al menos parte de ella. Con este método no solemos acceder a ningún componente del portátil, pero es un método tan sencillo que merece la pena probarlo.

- **Retirada del teclado:** normalmente querremos quitar el teclado, no sólo para sustituirlo (lo que se puede hacer si disponemos de un repuesto), sino para acceder al interior del portátil. Para ello suele ser necesario quitar unos pequeños tornillos en las bisagras de la tapa, desplegarla por completo, y quitar el embellecedor que cubre el botón de encendido; esto debería permitirnos levantar el teclado sin soltarlo del portátil.

- **Peines de conexión:** en el interior del portátil muchos componentes, incluido el teclado y el *touchpad*, están conectados mediante cables planos. Si nos fijamos en el conector que sujeta el cable veremos que tiene una pequeña parte móvil en el punto de unión con el cable; para aflojar el peine bastará con empujar sus costados hacia el cable, y a la hora de volver a conectarlo lo comprobaremos y volveremos a empujar para facilitar la entrada del peine, presionando después hacia abajo para fijarlo.

- **Slots:** los portátiles tienen en su interior zócalos de expansión para instalar ciertas tarjetas, como los adaptadores *Wi-Fi* o *Bluetooth*. Estos dispositivos se pueden cambiar simplemente tirando de ellos, aunque puede ser posible que necesitemos soltar previamente algún cable, como la conexión a la antena. Los discos duros funcionan de la misma manera, desplazándolos horizontalmente para conectarlos o desconectarlos.

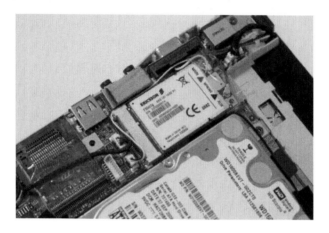

Capítulo 8

SECUENCIA DE REPARACIÓN
....

Para terminar vamos a estudiar, paso a paso, los principales tipos de averías que podemos encontrar, tanto de hardware como de software, y sus soluciones, empezando por las más simples y terminando en los fallos más graves del sistema.

Pero antes de empezar, antes de arriesgarse a probar algo que pueda provocar una pérdida de datos, recuerde la importancia de tener una copia de seguridad actualizada, tal y como vimos en el *capítulo 2*; todo lo demás tiene arreglo.

8.1 PROBLEMAS DE SOFTWARE

La ventaja de los problemas de software es que casi siempre podremos arreglarlos reinstalando Windows, pero resulta una solución un poco drástica, sobre todo cuando hay tantas opciones alternativas:

- **Errores del sistema:** los errores de Windows son poco informativos, mostrando códigos que resultan bastante crípticos, del tipo *0x05 INVALID_PROCESS_ATTACH_ATTEMPT*. A veces, basta un poco de intuición (y un toque de inglés) para deducir lo que pasa; en otras ocasiones podemos acceder a páginas como http://kadaitcha.cx/stop_err.html#0a, que nos ofrecen listados indicando la causa del error y su posible solución.

- **Archivos bloqueados:** a menudo ocurre que, al intentar eliminar o modificar un archivo, el sistema nos dice que está bloqueado y no nos permite realizar la operación, incluso si reiniciamos Windows. La solución clásica es reiniciar en *modo seguro*, pero resulta más sencillo instalar un programa de desbloqueo como *Unlocker* (unlocker.softonic.com); en este caso bastará con pulsar *botón derecho-Unlocker* sobre el archivo, y elegir *Desbloquear*, o si lo preferimos, una de las acciones personalizadas del desplegable.

- **Programas incompatibles:** cada programa instalado en Windows debería ser un elemento independiente, que no interfiriese con los demás para nada. En realidad, su complejidad y ramificaciones hacen que a veces choquen con otros programas o incluso con elementos del propio sistema operativo, ya que las distintas configuraciones de hardware, parches, lenguajes y opciones personales a veces tienen efectos inesperados. En estos casos la mejor solución suele localizar el programa conflictivo y desinstalarlo, sustituyéndolo por una versión más actualizada o una más antigua; también podemos consultar en Internet si alguien ha tenido el mismo problema y si le han ofrecido una solución, modificando la estructura del sistema para que se adapte a los requisitos del programa.

- **Modificación de DLL:** un caso típico de interferencia entre programas se produce cuando uno de ellos, durante la instalación, sustituye una DLL por una versión más antigua, o incluso una más moderna pero incorrecta, causando problemas a todos los demás programas que la utilizan. Este fallo puede corregirse sustituyendo la DLL dañada por una copia descargada de Internet o reinstalando alguno de los otros programas, "machacando" así la DLL errónea.

- **Registro de DLL y OCX:** algunas veces no basta con descargar una DLL u OCX, sino que deberemos enlazarlas al registro para que funcionen correctamente, utilizando el comando *regsvr32* y el nombre del archivo a enlazar (por ejemplo, accediendo a *Inicio-Ejecutar* y escribiendo *regsvr32 shimgvw.dll*). Cuando el archivo es nocivo o implica una vulnerabilidad puede ser necesario desconectarlo con el parámetro */u* antes de que el sistema nos deje eliminarlo (*regsvr32 /u shimgvw.dll*).

- **Corrupción de la pila TCP/IP:** la propia configuración de Windows puede causar grandes problemas, y uno de los casos más serios es cuando se corrompen los registros del *protocolo TCP/IP* o los *socket Winsock*; suena técnico, pero en resumidas cuentas lo que ocurre es que nuestra conexión a Internet deja de funcionar, o funciona muy mal. Reparar este problema manualmente sería algo complejo, ya que Windows no nos da opciones para ello, pero afortunadamente podemos utilizar el programa *freeware XP TCP/IP Repair* (www.xp-smoker.com/freeware.html), que devuelve estos elementos a su estado por defecto, recuperando así nuestra conexión a Internet con un clic del ratón.

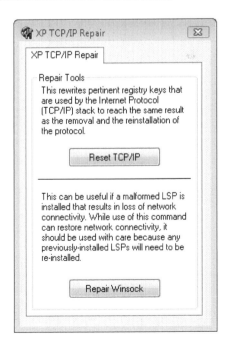

- **Asociaciones incorrectas:** si un tipo de archivo no se abre con el programa correspondiente, deberemos pulsar con el botón derecho sobre él y elegir *Abrir con*, activando el cuadro *Usar siempre el programa seleccionado* y utilizando si es necesario el botón *Explorar* para localizar el programa correcto en Archivos de Programa. Algunos programas se niegan tozudamente a soltar sus asociaciones, reactivándolas cada vez que los abrimos; en este caso tendremos que entrar en su configuración y desactivar la asociación correspondiente antes de reasignarla manualmente.

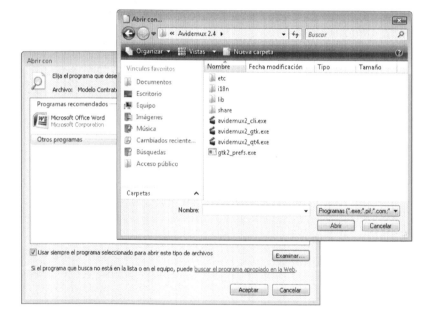

- **Menús emergentes:** en algunas ocasiones el sistema se cuelga cuando intentamos obtener el menú emergente de ciertos tipos de archivo. Esto se debe a que algún programa agregó una opción al menú, y por una causa u otra está dañado. En teoría podemos investigar los posibles culpables e intentar desactivar las opciones del menú desde su configuración, pero es mucho más fácil recurrir a un editor independiente como *ShellExView* (www.nirsoft.net), que activa y desactiva los menús emergentes de los programas instalados, que se localizan bajo la categoría *Context Menú* (en la columna *Type*).

- **Desactivación de programas innecesarios o nocivos:** como vimos en el *capítulo 1*, podemos utilizar *Autoruns* para realizar una limpieza del arranque de Windows, recordando que es aconsejable reiniciar en modo seguro si se trata de virus o troyanos.

- **Problemas que bloquean el arranque de Windows:** si estamos seguros de que el problema es de Windows (y por ejemplo, no es un fallo en la secuencia de arranque de la BIOS), empezaremos por pulsar *F8* durante el arranque, seleccionando en el menú donde aparece la *Ultima configuración buena conocida*; si esto no funciona intentaremos acceder al *modo seguro*, desde donde ejecutaríamos *Restaurar sistema* (en *Inicio-Ejecutar-msconfig*) para devolver Windows a un estado anterior al problema. Si nada de esto funciona, podemos usar el CD/DVD de Windows para intentar reparar los archivos de arranque, reinstalar encima de la instalación previa o, como última opción, una reinstalación limpia.

8.2 PROBLEMAS CON LA BIOS

Algunas *BIOS* sufren fallos de diseño o son incompatibles con ciertos dispositivos, como por ejemplo aquéllas que no soportan discos duros con un tamaño superior a los 32 GB; para otras se descubren modificaciones interesantes, que mejoran su rendimiento. Además de la solución drástica que es el cambio de placa base, podemos recurrir a la **actualización FLASH de la BIOS.**

Como la BIOS gestiona por completo el funcionamiento de la placa y por ello del ordenador, un fallo en el proceso de actualización nos dejará sin sistema y sin posibilidad de arreglarla, a menos que tengamos acceso a uno de los raros servicios técnicos que pueden reescribirla con un programador de EPROMS compatible.

Es vital que mientras se actualiza la BIOS el ordenador no sufra fallos de alimentación o se reinicie.

Lo primero que debemos hacer será **obtener la actualización** de la BIOS en el área de descarga del fabricante, utilizando el programa *Everest* para identificar el modelo y *socket* de la placa, tal y como vimos en el *capítulo 2*, leyendo la información adjunta y comprobando si dicha actualización resolverá nuestro problema; si no estamos seguros, es posible que el riesgo de la actualización no merezca la pena.

Si no podemos acceder al sistema operativo para ejecutar *Everest*, podemos comprobar si el modelo aparece en pantalla durante el arranque, utilizando la tecla **Pausa** para detener el proceso de carga y tomando nota del mismo, tal y como se ve en la figura.

```
Award Modular BIOS v6.00PG, An Energy Star Ally

Copyright  (C) 1984-2003, Award Software,  Inc.


Intel i875P AGPset BIOS for 8KNXP Ultra Fa3
Check System Health OK , VCore = 1.5250
Main Processor : Intel Pentium(R) 4  1.6GHz (133x12)
<CPUID : 0F27 Patch ID  : 0027>
Memory Testing  : 131072K OK


Memory Frequency 266 MHz in Single Channel
Primary Master : FUJITSU MPE3170AT ED-03-08
Primary Slave : None
Secondary Master : CREATIVEDVD-RM DVD1242E BC101
Secondary Slave : None




Press DEL to enter SETUP / Dual BIOS / Q-Flash / F9 For
Xpress Recovery
08/07/2003-i875P-6A79BG03C-00
```

Como último recurso, podemos utilizar el **número de identificación** de *BIOS* que aparece en la zona inferior izquierda de la pantalla de arranque, recurriendo a otro equipo para acceder a páginas como www.wimsbios.com o www.bios-drivers.com, con listados que identificarán la BIOS y su actualización.

Por ejemplo, los cinco primeros caracteres del identificador de una *BIOS Award* representan el *chipset* de la placa, los dos siguientes el fabricante, y los demás suelen identificar el modelo; así, en *2A59IZ1DC-00* el chipset es el *Intel Triton TX* (*2A59I*), el fabricante de la placa es *Zida/Tomato* (*Z1*) y el resto de información corresponde al modelo de *BIOS* (este ejemplo y la conversión de los códigos están tomados de las tablas de www.wimsbios.com).

De una forma u otra conseguiremos el archivo de actualización y el programa necesario para cargarla (suelen descargarse juntos, comprimidos en un mismo paquete); y seguiremos los siguientes pasos:

- **Opcional - desprotección de la memoria FLASH:** para evitar el ataque de ciertos virus que borran el contenido de la FLASH destruyendo la BIOS, las placas base incorporan un sistema de protección contra escritura, aunque suele estar desactivado. Por si acaso, conviene comprobar que FLASH Write Protect (Standard CMOS Setup) está desactivado. Si lo está y el equipo no nos permite actualizar la BIOS, es posible que haya que cambiar la ubicación de un *jumper* en la placa base, que podemos localizar mirando el manual o estudiando las indicaciones serigrafiadas en la placa.

- **Disco del arranque:** los archivos de actualización suelen venir acompañados de un conjunto de instrucciones, y si no es así seguro que en el sitio web donde descargamos el archivo encontraremos la explicación de la instalación. En las BIOS más fáciles de actualizar sólo necesitaremos descomprimir y cargar el archivo en un disquete, arrancando el ordenador con él dentro, habiendo configurado para ello la secuencia de arranque de la BIOS para que la disquetera sea el primer elemento.

- **Preparación de un disco de sistema:** en la mayor parte de los casos necesitaremos un disco básico de MS-DOS, que podemos crear pulsando con el botón derecho sobre la *disquetera* en Mi PC y eligiendo Formatear-Crear disco de sistema MS-DOS. Una vez hecho el disco, agregaremos el programa de actualización (generalmente AWDFLASH.EXE) y el archivo de actualización. Como el disco básico de MS-DOS no tiene teclado español, renombraremos el nombre del archivo de actualización a algo fácil de escribir, como por ejemplo UPDATE.BIN.

- **Menú de actualización en la BIOS:** cada vez más fabricantes aportan una opción de menú en la BIOS para su actualización (por ejemplo, *Q-Flash* de *Gigabyte*), que evita la necesidad de un disco de sistema y de modificar la secuencia de arranque, aunque seguiremos teniendo que cargar el archivo de actualización en un disquete.

- **Precauciones:** antes de la actualización, comprobaremos que no vaya a producirse ningún fallo de tensión o interrupción del sistema, con los resultados que ya conocemos. Si estamos trabajando en un entorno doméstico, esto significa no encender ningún aparato eléctrico, especialmente hornos, planchas o microondas. Es importante que el disco de arranque tenga 300 o más *KBytes* libres para conservar un *backup* de la BIOS antigua en él, con lo que podremos deshacer los cambios que hagamos si la nueva BIOS resulta problemática, por ejemplo si obtenemos un error de grabación.

- **Ejecución:** al arrancar con el disquete puede comenzar la actualización (automática) o aparecer una ventana de *MS-DOS*, en la que tendremos que escribir el nombre del programa y el del parche, por ejemplo *AWDFLASH UPDATE.BIN*, con lo que debería ejecutarse el programa de actualización.

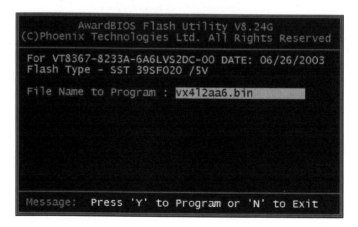

- **Backup:** una vez arrancado el programa de actualización deberemos realizar una copia de seguridad de la BIOS antigua, ya que la nueva puede resultar problemática. Por ejemplo, podemos guardarla con el nombre de *BACKUP.BIN*. Otra opción es agregar el nombre del archivo destino cuando ejecutamos el programa, por ejemplo en la forma *AWDFLASH UPDATE.BIN BACKUP.BIN*, lo que activará automáticamente el proceso de copia de seguridad.

- **Actualización:** ha llegado el momento de realizar la actualización. Aceptaremos que comience el proceso y no tocaremos nada hasta que termine la escritura, ya que es el momento crítico, un cuelgue en esta fase y podemos despedirnos de la placa. En cambio, si se produce un fallo pero el sistema sigue funcionando, podemos volver a intentar la actualización o restaurar la copia de seguridad, ya que la *BIOS* no será necesaria hasta que reiniciemos. Aunque todo haya funcionado correctamente, deberemos guardar la copia de seguridad de la *BIOS* antigua durante unos días, ya que la nueva puede sufrir algún tipo de incompatibilidad con el hardware instalado, obligándonos a restaurarla.

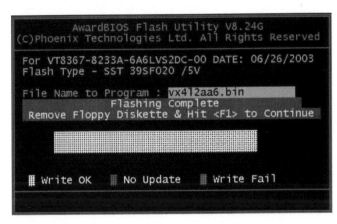

Es posible que, a pesar de que todo el proceso haya sido correcto, el sistema se bloquee por completo después de una actualización; esto se debe a que la **configuración antigua**, que se almacena en una pequeña memoria llamada CMOS, no es compatible con la nueva BIOS. El mismo caso puede darse si hemos establecido frecuencias de trabajo demasiado elevadas para el micro o la memoria (error de *overclocking*), e incluso, en muy raras ocasiones, de forma espontánea.

Por lo tanto, si el ordenador se bloquea y no podemos acceder al menú de la BIOS, deberemos proceder al **borrado del CMOS**. Al ser una memoria volátil, el CMOS necesita la energía de la pila del reloj del ordenador para conservar sus datos; así que si retiramos la pila y esperamos un tiempo, que pueden ser segundos, minutos o incluso horas dependiendo de las cargas almacenadas en el sistema, la BIOS volverá a la configuración por defecto establecida por el fabricante.

Ahora bien, esperar un tiempo indeterminado para que se produzca el borrado no es una opción particularmente atractiva, y mucho menos si consideramos que existe el riesgo de romper el **zócalo de la pila** cuando la extraemos, lo que causará que la BIOS vuelva a sus opciones por defecto y el ordenador pierda la hora cada vez que lo desenchufemos; por cierto, ocurre lo mismo si la pila se agota, debiendo entonces extraerla para sustituirla.

Por lo tanto, a la hora de realizar un borrado lo mejor será examinar la placa base en busca del **jumper de borrado de CMOS**, que suele encontrarse junto a la pila, tener serigrafiada la palabra *CMOS* o *Clear*, y que suele constar de tres *pines*, dos de ellos unidos por el *jumper*.

Jumper de borrado de CMOS

Una vez localizado el *jumper* lo sacaremos y lo conectaremos en el otro extremo (es decir, uniendo el *pin* que estaba libre con el central, que es la posición de borrado de CMOS) y acto seguido lo devolvemos a su lugar, todo esto **con el ordenador desenchufado**. A continuación la configuración de la BIOS debería borrarse y volver al estado por defecto del fabricante, con lo que ya tendremos acceso al menú de la BIOS cuando encendamos el PC.

Una vez borrado el CMOS es posible que sea necesario volver a configurar las **opciones básicas de la BIOS**, tal y como vimos en el *capítulo 1*, en particular la secuencia de arranque (DVD y HDD), el soporte para teclados USB (*USB Legacy Keyboard*) y la configuración de la controladora de disco (*IDE/AHCI/RAID*).

Por cierto, cuando encendemos el ordenador la BIOS realiza un chequeo del hardware básico, llamado **POST** (autotest de encendido), que nos advierte de posibles problemas en el sistema. Si el fallo es anterior a la activación de la tarjeta gráfica no podrá mostrar ningún mensaje en pantalla, por lo que nos advertirá con una serie de pitidos, siempre y cuando tengamos conectado el cable del *speaker* a la placa base.

No todas las BIOS utilizan los mismos códigos, pero dos de ellos son casi universales, y muy importantes:

- **Pitidos lentos continuos:** indican un fallo en el sistema de memoria, ya sea físico (módulo o su zócalo están dañados, mal pinchados, etc.) o de la configuración de la *RAM* en la *BIOS*.

- **Tres pitidos cortos y uno largo:** problema del sistema gráfico. Suele corresponder a una tarjeta dañada o mal pinchada o a que no hemos conectado el cable del monitor, aunque también puede deberse a otros factores, como un cable *IDE* conectado al revés.

En muy raras ocasiones, la placa presentará otros códigos sonoros, cuyo significado podemos buscar en sitios de Internet como www.bioscentral.com, que tiene una tremenda colección de *BIOS Beep Codes*.

BIOS Beep Codes:
AMI BIOS Beep Codes
AST BIOS Beep Codes
Award BIOS Beep Codes
Compaq BIOS Beep Codes
IBM BIOS Beep Codes
Mylex BIOS Beep Codes
Phoenix BIOS Beep Codes
Quadtel BIOS Beep Codes

Al terminar el test y pasar al modo gráfico, sonará un breve pitido único que significa "todo bien hasta aquí". Si no hay imagen después del pitido, se deberá a un fallo de la tarjeta gráfica o del monitor, por lo que deberíamos comprobar la correcta conexión de ambos, la alimentación del monitor, y su brillo/contraste, ya que a veces se desajusta al trasladarlo o limpiarlo.

8.3 FASE DE PRECARGA

Se trata del período comprendido entre el encendido del ordenador y la activación por parte de la BIOS del arranque de Windows. Como hemos visto, algunos de los bloqueos en la fase de precarga se pueden resolver borrando el CMOS, pero no todos se deben a errores de configuración de la BIOS, y tendremos que buscar otras formas de resolverlos:

- *Extracción de medios:* en CD y disqueteras, un medio defectuoso también puede bloquear el equipo, pero este problema es muy fácil de diagnosticar ya que podemos oír cómo el dispositivo correspondiente se atasca intentando leer continuamente su contenido. Si un CD/DVD se atasca en su lector, podemos introducir un clip estirado en el agujerito del frontal (con el equipo apagado) para presionar sobre el extractor y abrir la bandeja.

- *Simplificación:* para eliminar sospechosos, es conveniente reducir el sistema al mínimo, desconectando periféricos y, si es necesario, disqueteras y unidades de disco. Si conseguimos que el ordenador arranque, iremos añadiendo gradualmente los distintos elementos al sistema (lógicamente, apagando previamente el ordenador), comprobando que su configuración (maestro/esclavo, cableado, etc.) es correcta.

- *Chequeo de memoria:* se trata de un elemento muy sensible, ya que cualquier fallo puede producir errores a largo plazo, dañando los datos almacenados en el PC. En general, siempre que tengamos problemas deberíamos descargar la versión ISO del verificador *memtest 86+* (www.memtest.org), grabarla en un CD, arrancar el equipo con él y dejarlo trabajar al menos durante media hora. Si aparece alguna línea de aviso en rojo, será señal de un fallo de memoria.

- **Resolución de problemas de memoria:** si el chequeo de memoria muestra errores, o si el chequeo POST emite pitidos largos y continuos, o si intentamos instalar el sistema operativo pero no lo conseguimos porque falla en un punto distinto en cada intento, habrá un problema de memoria. Podemos comprobar si están montados correctamente (por ejemplo, mal conectados para doble canal), probar los módulos por separado si hay más de uno, o incluso cambiar los módulos de zócalo.

- **Estabilidad del microprocesador:** si Windows arranca, pero creemos que el micro puede estar defectuoso, deberemos chequearlo sometiéndolo a un test de esfuerzo con **Stress Prime** (http://sp2004.fre3.com), de forma análoga a como utilizábamos memtest 86+ con la memoria.

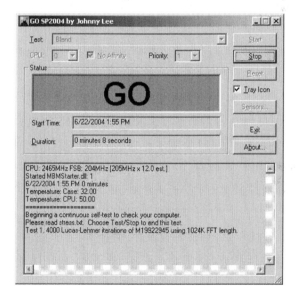

- **Discos duros:** para comprobar el estado físico de un disco duro podemos acceder a la pestaña *Support* (soporte) de la página web del fabricante, ya que casi todas disponen de herramientas de verificación específicas que pueden cargarse en un disco de arranque. Como la mayoría de los discos del mercado pertenecen al fabricante *Seagate*, sobre todo desde que ha comprado la empresa *Maxtor*, la herramienta más utilizada para esto es **SeaTools Desktop** (www.seagate.com/support/seatools).

8.4 FALLOS CRÍTICOS

Ocurren cuando se produce una avería física en el sistema, de tal magnitud que ni siquiera podemos acceder a la BIOS, por lo que la reparación sólo podrá efectuarse configurando o sustituyendo elementos del hardware.

Si al pulsar el botón de encendido no se activa el ventilador trasero de la fuente de alimentación, puede deberse a una de las siguientes causas:

- *Ausencia de energía:* el fallo es exterior a la fuente (enchufe de pared, regleta, cable de conexión), o la fuente está apagada (suele haber un interruptor 0/1 en su parte trasera).

- *Fallo de activación:* puede deberse a una placa base dañada o al fallo del pulsador de encendido. Podemos probar a soltar el cablecillo y cortocircuitar los pines del *power-sw* directamente con el destornillador; si funciona podemos conectar en su lugar el *reset* y usarlo para encender el equipo, ya que ambos pulsadores son pulsadores eléctricamente idénticos.

- *Avería de la fuente:* si no funciona al soltar todas sus conexiones y forzar su encendido cortocircuitando a masa la línea de activación, es casi seguro que estará estropeada, pero si gira el ventilador no es señal de funcionamiento correcto, ya que algunas se activan pero fallan cuando intentamos utilizarlas (funcionamiento en carga). La forma más sencilla de comprobarlo es sustituir la fuente por otra, preferiblemente de más potencia.

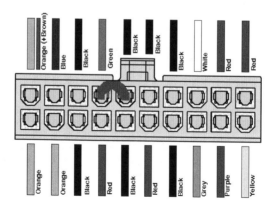

- **Consumo excesivo:** si se solicita demasiada energía a la fuente ésta se desconecta. Las causas suelen ser el cortocircuito o avería de algún componente, o el uso de una fuente de baja potencia. Podemos verificarlo soltando todos los cables excepto el peine de conexión a la placa base, para ver si se enciende ahora el equipo.

- **Avería del ventilador:** a veces se estropea el ventilador de la fuente, pero en estos casos el equipo suele encenderse y funcionar un cierto tiempo, hasta que el recalentamiento apaga o destruye la fuente.

El **recalentamiento del microprocesador**, generalmente debido a un mal contacto con el refrigerador, puede hacer que el equipo se apague automáticamente a los pocos segundos de encenderlo, y en los siguientes intentos el bloqueo se producirá aún más rápido, ya que todo el conjunto parte de un estado más caliente.

Si podemos acceder a la BIOS, el menú **PC Health** incluye la información de los sensores de temperatura, así como la temperatura a la que se apagará el equipo (*shutdown*), que podemos ajustar a un valor superior para evitar el problema, aunque la solución ideal sería mejorar la ventilación. La placa base no debería pasar de unos 35°, y el micro de los 65°, aunque muchos micros aguantan bastante bien temperaturas superiores a los 70°.

```
Shutdown Temperature        60°C/140°F
CPUFan Fully ON If CPUTemp > 25 °C
CPUFan Turn OFF If CPUTemp < 25 °C
FAN 2  Fully ON If PWMTemp > 35 °C
FAN 2  Turn OFF If PWMTemp < 25 °C
NB Fan Fully ON If NB Temp > 48 °C
NB Fan Turn OFF If NB Temp < 25 °C
```

Si hemos simplificado el ordenador al máximo consiguiendo que se encienda (gira el ventilador del micro) pero sin alcanzar el entorno gráfico, y ya hemos comprobado la fuente y borrado el CMOS, el problema se deberá al **conjunto placa/micro/memoria**; en este caso el diagnóstico es difícil, ya que no podemos ejecutar ningún programa de diagnóstico.

Afortunadamente, todavía tenemos los códigos sonoros POST, que con un poco de ingenio pueden ayudarnos a localizar al culpable:

- *Eliminación de la tarjeta gráfica:* Soltamos el cable de vídeo de la tarjeta gráfica y encendemos el ordenador, comprobando si suena el código POST correspondiente (tres cortos y uno largo); también podemos retirar la tarjeta, ya que no todas suenan en ausencia del cable. Si oímos el POST querrá decir que el sistema habrá llegado hasta aquí y que la culpa del fallo seguramente será del sistema gráfico.

- *Eliminación de la RAM:* Si funciona el POST de la tarjeta gráfica, quitaremos todos los módulos de la memoria y escuchamos si se produce la alerta POST correspondiente (pitidos largos continuos). Si no es así, el fallo apuntará al conjunto placa/micro, mientras que si suena seguramente será culpa de la RAM o el sistema gráfico.

Es bastante difícil distinguir entre el micro y la placa en caso de fallo total, pero podemos intentar razonar la causa de la avería: si se trata de un fallo espontáneo en un equipo que no ha sido forzado o manipulado es posible que se trate de la placa, mientras que el micro es más sospechoso en caso de *overclocking* o manipulación, especialmente en los casos en los que el refrigerador no se ha fijado correctamente, lo que es una "causa de muerte" instantánea en los micros modernos.

Para asegurarnos, podemos probar a **sustituir el micro** y verificar el antiguo en otro equipo, aunque siempre hay que tener en cuenta que existe un pequeño riesgo de causar una nueva avería cuando probamos un componente   defectuoso   en   un   equipo   en   buen   estado.

ÍNDICE ALFABÉTICO

E

F

H

I

J

L

M

N

O

P

R